幼儿园
保教工作57例真问题探究

YOUERYUAN
BAOJIAO GONGZUO 57 LI ZHEN WENTI TANJIU

孙玉梅　主编

中国农业出版社
北京

图书在版编目（CIP）数据

幼儿园保教工作 57 例真问题探究 / 孙玉梅主编 . ——
北京：中国农业出版社，2018.11（2021.10 重印）
ISBN 978-7-109-24787-1

Ⅰ . ①幼…　Ⅱ . ①孙…　Ⅲ . ①幼儿园－教育管理－研
究　Ⅳ . ①G617

中国版本图书馆 CIP 数据核字（2018）第 243036 号

中国农业出版社出版
（北京市朝阳区麦子店街 18 号楼）
（邮政编码 100125）
责任编辑　马英连

北京中兴印刷有限公司印刷　　新华书店北京发行所发行
2018 年 11 月第 1 版　　2021 年 10 月北京第 2 次印刷

开本：700mm×1000mm　1/16　印张：12.5
字数：210 千字
定价：38.00 元
（凡本版图书出现印刷、装订错误，请向出版社发行部调换）

编 委 会

主　　编：孙玉梅

副主编：隗桂梅　陆晓燕　张雪梅

编　　委：陈大翠　王云飞　任秀玲　赵立文

　　　　　穆　波　许振东　耿立立　张　瑜

　　　　　侯　莉　王　欢　张丽娜　张竹鑫

　　　　　王成龙

做实践中的反思者

　　百年大计，教育为本。教育大计，教师为本。教师是立教之本、兴教之源。教师的发展决定了幼儿园内涵发展的深度、广度与高度，为此，培养研究型、反思型的专业教师已成为幼儿园发展的潮流所向。

　　教师的专业成长离不开群体的影响和组织的支撑，团队成员之间如果能相互学习、相互配合、相互激励，那么，团队中的每一个成员就能够不断突破自己的能力上限，迅速成长。在这个过程中一方面需要管理者睿智的引领，另一方面更需要教师清醒的反思意识与反思能力。

　　近五年来，我们主持、承担了"幼儿园双培养机制的实践研究""农村幼儿园新任教师培养策略的研究""《指南》背景下健康教育融入领域课程的实践研究"等"十三五"立项课题，我们希望在课题研究的过程发现保教工作中存在的真问题，教师成长中遇到的真问题并且找到解决这些问题的有效方法与策略。

　　苏霍姆林斯基曾说："如果想让教师的劳动能够给教师带来乐趣，使天天上课不至于变成一种单调乏味的义务，那就应当引导每一位教师走上研究的这条道路"，我们将教师群体分为骨干教师、成长期教师、职初教师和新任教师四个层次，通过层级带动，促进分层发展。近五年的研究实践，成果丰硕，令人欣喜。从这一篇篇获奖论文中，我们了解到教师们在成长过程中的困惑与茫然，更看到了他们的成长与进步。

在课题"幼儿园双培养机制的实践研究"中，我们将研究对象定位于园内的骨干教师，一方面把优秀的骨干教师确定为党员培养对象，并向中层干部的方向培养；另一方面把党员教师培养成骨干教师，使其在思想道德、提高保教工作水平等方面更好地发挥模范带头作用。通过双培养机制建设的研究，初步构建了"引领—帮助—激励"的工作机制，使双培养工作机制成为我园人才兴园战略的一项重要工程。

"农村幼儿园新任教师培养策略的研究"的研究对象是参加工作三年内的教师。新任教师作为教师群体的重要组成部分，其专业成长的质量直接影响着师资队伍的整体水平及稳定性。新任教师的最初几年是他们未来教育生涯的关键期，直接影响到他们将来专业发展的程度、水平和方向。对新任教师我们采用"研、训、传、说、摩、练"六种培训模式，有效进行日常教学活动的组织与管理，夯实专业基本功。自我反思是教师专业成长的关键因素，新教师必须通过自我诊断与反思，客观认识自身优势与不足，督促自己努力寻找正确的解决方法，促进自身专业成长。

"《指南》背景下健康教育融入领域课程的实践研究"这一课题的核心首先是落实《3～6 岁儿童学习与发展指南》（以下简称《指南》）精神，旨在引导教师树立正确的教育观念，了解 3～6 岁幼儿学习与发展的基本规律和特点，建立对幼儿发展的合理期望，真正把健康教育融合、渗透到幼儿园一日生活的各个环节中，认真贯彻"运动、学习、生活、游戏"的精神，构建多元化的幼儿健康教育模式，从而促进不同层次教师在保教工作中不断探索与反思，不断总结与创新，构建我们自己的园本课程体系。

反思型教师是在教育实践中磨砺成长的，本书中汇集了这几项课题研究中的获奖论文，探索出教师在教学实践中遇到的真问题，展现出解决这些问题清晰的真思路以及行之有效的真办法，这是我园干部教师在长期的教育实践中不断学习、不断探索的心路历程，也是我们不断反思、不断创新、不断进步的成果展示。或许文中的案例与反思还有待成熟与完善，许多结论还值得商榷与推敲，但努力成为一名反思型教师、研究型教师已经成为我园各个层级教师的共同追求和前进的方向。文中不妥之处恳请各位专家、同行批评指正。

孙玉梅

2018 年 10 月

目录

做实践中的反思者

一、教师专业成长

二、活动区材料投放与指导

三、教学活动的有效开展

一、教师专业成长

1. 如何促进幼儿园新任教师的专业成长？

幼儿园新任教师是指在幼儿园工作 1～3 年的教师。新任教师群体有自己特有的知识结构、入职适应等特点，幼儿园需要根据这些特点对新任教师进行培养，培养方法上需要因人施教、多措并举、有序进行。

教师的专业成长是幼儿园发展的永恒课题。新任教师作为教师群体的重要组成部分，其专业成长直接影响着师资队伍的整体水平及稳定性。新任教师工作的最初几年是他们专业成长的关键期，直接影响到他们未来专业发展的程度、水平和方向。

一、新任教师群体的特点

在教师个体职业生涯周期中，新任教师刚走上教学工作岗位，正处于专业发展的入职适应期，能否实现良好的职初适应决定着她们今后的职业发展和她们所在园所的发展。近两年的研究表明，入职期是教师发展的关键期，如果让新任教师"自然发展"，不但会延长她们的适应期，而且在这一阶段形成的教育理念和教学方式对她们日后的专业发展会造成很大的影响。

新任教师具有如下特点：

（一）从新任教师的角色转换看

新任教师刚走出校园，经历着由学生到教师转化的过程，虽然他们有强烈的把知识应用于实践的愿望，非常希望成为合格、优秀的幼儿教师，但他们在思想认识、言谈举止、工作方法上都与幼儿教师专业标准存在很大差距。

（二）从新任教师的专业能力上看

新任教师在课堂上学习了各种理论知识，但他们缺乏把已有知识运用于教学实践的能力，包括教学内容的处理能力、运用教学方法和手段的能力、教学组织和管理的能力等。

新任教师在保育常规工作、班级管理、组织教育活动、区域活动指导、家长沟通等方面存在诸多问题，如无法有效运用资源和时间、无法营造班级和谐氛围、无法建立良性师幼关系和交往模式、无法有效解决幼儿间的同伴冲突、无法与家长进行有效沟通、无法使家庭教育与幼儿园教育有效配合等。

（三）从新任教师自我认知与社会适应能力看

刚刚步入职业生涯的新教师往往对幼儿教师这份职业充满着各种期待，工作有激情，希望尽早得到领导、同事的认可以及孩子和家长的信任。这种心态使新教师工作积极性强，乐于上进，追求发展。同时，新教师容易浮躁，缺乏兢兢业业的精神，一些教师对幼儿园一日生活中的琐事不屑一顾。当自己的预期和现实之间出现差距或错位时，新教师往往不是寻找自身原因，而是将责任推给幼儿教师这份职业，认为自己不适合干这一行，出现专业思想上的动摇。在与人交往中，新任教师过于关注自我而忽视他人的感受，出现冒进式表现、过于彰显自我等现象，造成与同事、领导之间关系的紧张。

目前，新任教师队伍对工作的适应能力整体偏低，这需要幼儿园制定出适宜的指导策略，共同促进新任教师的专业成长。

二、新任教师的培养目标

1. 良好的职业道德。培养教师积极的心态，健康的人格，高尚的情操，优良的道德修养，稳定的心理素质，博大的教育之爱。

2. 稳定的专业思想。稳定专业思想，激发专业热情，唤起新教师专业成长的内部动机，挖掘新教师自我学习、自我发展的潜力。

3. 扎实的专业技能。通过常规的培训帮助新任教师掌握保教工作的基本技能，尽快适应岗位要求，提高工作责任感，体会职业的快乐。

4. 沟通能力与社会适应能力。通过提高新任教师与同事、家长、幼儿的交往沟通能力及社会适应能力，帮助新任教师为自己赢得一个人际和谐、宽松愉快的心理氛围。

三、新任教师专业培养的策略

教师专业化培养主要是指教师在严格的专业训练和自身不断主动学习的基

础上，逐渐成长为一名优秀教师的发展过程。这一发展的实现不仅需要教师自身主动地学习和努力，也需要园所有计划、有目标的专项培训，如积极地为教师提供专业的职前教育，有计划地进行在职培训，建立有效的激励机制、考核评价机制等，从而有效促进和提高教师的专业化水平。

（一）加强师德教育，稳固专业思想

师德，即教师的职业道德。苏霍姆林斯基曾形象地说："道德是照亮全面发展的一切方面的光源，而同时它又是人的个性的一个个别的、特殊的方面"，"在形成个性对待周围自然环境和社会环境的态度的体系中始终贯穿着丰富的道德性这一条主导红线时，学校的精神生活才能成为现实的教育力量。"师德完美于心理，心理健全于师德。

1. 强化职业道德，树立良好职业形象。为了提高新教师的思想认识，使年轻教师树立良好的职业道德，我们将师德培养贯穿于教师培养的全过程。从新教师选拔到岗前培训，再到岗位培训，都把理解幼教工作特点，培养爱心、责任心、耐心、细心以及集体意识作为教师培训的重点内容。在师德建设的同时，重视教师良好职业形象的树立，让教师明确教师形象塑造的内涵，从礼仪形象（面部表情、为人处世、待人接物等场合下的态度及表现）、仪表形象（教师在工作期间的着装打扮，如服饰、发型）、语言形象（包括语速、语调、普通话及文明语言的使用）等方面塑造教师的良好形象。

2. 塑造职业精神，形成职业情操。以政治学习和实践活动为主渠道，坚持每两周开展一次全园政治学习，以学习先进人物、践行职业标准、师德规范和理想信念教育为主要内容。同时开展多种形式的实践活动，提高集体凝聚力，汇聚正能量。

每学期开展丰富多彩的师德教育活动。通过集中的政治学习解读人民满意的标准，学习《幼儿园教师专业标准》《中小学教师违反师德行为处理办法》等；通过课例分析解读我们教育活动中的不适宜行为；通过写反思、演讲使师德教育入脑入心；通过榜样人物学习帮助教师找到努力的方向；通过谈心交心活动解除个别教师心中的不适。

3. 稳定专业思想，做好职业规划。稳定的专业思想是做好本职工作的前提保证。为此，要一直把稳定教师专业思想作为新教师培养的一项重要任务和手段，引导新教师树立美好的职业愿景，积极向骨干教师发展。指导他们做好职业规划，帮助他们分析自身优势与不足，确定自我发展目标，树立专业学习的榜样，明确今后发展的方向与步骤，并为每一位老师设立专业成长档案袋，详细记录他们的专业成长过程。

（二）形成共同愿景，通过阅读追求自我发展

共同愿景是和谐团队建设的核心，是一种精神引领。教师只有形成共同的愿景才会有良好的团队精神和追求自我专业发展的意识，前进的脚步才能一致。

1. 阅读推荐，提升教师的个人修养和专业意识。每学期向教师推荐丰富的书籍，促进教师教育观念的更新，提升个人修养。要求教师做好读书笔记，摘录书中的经典语句并撰写读后感；促使教师领会书中的教育理念，学习书中和幼儿交流沟通的技巧，逐步成为一名睿智的老师。

2. 开展教师读书交流会，给教师提供读书交流的平台。每学期开展一次教师读书交流会活动，每个人在活动中都是主角。活动不仅让每位老师有展示的机会，而且影响和促进着大家都来做爱书、爱阅读的教师。

3. 阅读培训，让教师在学习中浸润书香。积极关注和参与早期阅读培训和交流会，分期分批地组织教师参与学习。通过职业精神塑造系列活动提高教师人文素养，让"敬畏每一个生命，赏识每一个孩子，用智慧开启智慧，用爱心塑造爱心，以发展促进发展，实现与团队、孩子共同成长"成为教师共同的愿景。

（三）建立分层培养机制，促进教师目标化发展

保教工作能力是幼儿园教师安身立命的根本，扎实的保教基本功既是教师专业化的目标，也是教师专业化的必备条件。幼儿园应在分析新教师特点的基础上，以提高教师保教工作能力为重点，制定各层次教师的职业达标标准及分层培养规划，明确不同阶段的培养重点，在保证保教工作质量的同时提升教师从事幼儿教师这份职业的自信感和责任感。

1. 上岗一年内的新教师。重点熟悉幼儿教师工作的基本内容，初步掌握保教工作的基本流程与规范，熟练掌握保育工作的基本内容与操作规范，形成良好的职业道德，树立成为优秀幼儿教师的专业发展目标。

建立师徒帮带机制，每学期召开拜师会，共同制定"师徒帮带方案"，使

经验传承简单直接，技能形成保障有力。

为了增强培养的目标性和可检测性，完善《教师一日工作行为标准》及《幼儿一日常规要求》，制订新教师"一年胜任"的职业达标目标，首先使新教师在第一学期胜任保育员工作，在配班的同时学习理论，学会反思；同时保健医生每周针对班级卫生保健方面的问题对职初期承担保育员的教师给予指导；定期开展评比，提高职初期教师的保育工作技能；定期组织新教师学习，以"一日生活常规"中的问题为主要研究对象，帮助新教师熟悉、胜任工作，如整理床铺比赛、餐前消毒评比等工作，同时要求职初期教师每天记录工作日志，由班长、师傅、教科研主任每周批阅，及时反馈问题，并进行交流与沟通，及时总结。

2. 上岗第二年的新教师。在新教师对班级整体工作、一日生活常规、保育工作较为熟悉的基础上，加强以教学基本能力为切入点的指导与培训，内容包括五大领域教学活动设计、如何上好一节活动、如何激发幼儿参与活动的兴趣、如何进行有效提问、如何说课评课等。

3. 上岗第三年的新教师。在熟练掌握保教工作流程及规范的基础上，帮助教师寻找自身优势，指导教师制订个人三年发展规划，初步确定自己的优势领域。为新任教师提供展示平台，通过备课、说课、观摩课、评价课等形式树立榜样人物，增强新任教师的自信，感受成功与职业幸福。

（四）强化练兵，夯实专业基本功

在园本教研、分组教研活动中对新任教师采用"研、训、传、说、摩、练"六种培训模式，有效进行日常教学活动的组织与管理，夯实专业基本功。

研即研究，将教师分为不同发展层次，分为不同岗位，有针对性地开展实践研究。训即培训，有"走出去"开放式培训，"请进来"引领式培训和园内常规业务培训。传即传承，将成型的经验固化下来，通过层级带动的方法传承下去。说即解读，教师能表述并解读清楚计划、教案以及开展的教育活动。摩即学习样板，把成功的教育案例展示出来供大家观摩，并以之为样板学习模仿，推广深化。练即练兵，先模拟情景练习专业技能，再到实际工作中去历练提高。

（五）借助外部资源，为新任教师成长助力

名园引领、专家点拨是提升教师理论水平，促进教师专业发展的有效途

径。因此可以确立"请进来、走出去"的工作思路，借助专家资源促进教师专业发展，借助名园效应寻找生长点。通过与专家近距离的接触和直接对话，使教师在教育教学中遇到的问题得到及时解决，架起了专家与教师相互沟通的桥梁。

（六）组建学习共同体，分享教学经验

学习是新教师专业成长的重要途径，但不能把学习看作是新任教师一个人的事情。要想让新任教师迅速成长起来，其他教师必须与他们共同学习，让他们感到学习不仅仅是因为能力不足和任务要求，而是一种自我提升和自我追求。因此可以根据教师的不同兴趣组建不同的学习共同体，吸纳不同层次的教师参加。通过定期组织学习活动，让老师们共同学习、共同讨论、互相交流，为新任教师提供一个吸纳他人有益经验、学习他人看待问题与事物的视角的机会，让新任教师在专业上慢慢成长起来。

（七）养成反思习惯

自我反思是教师专业成长的关键因素，新任教师必须通过自我诊断与反思，客观认识自身优势与不足，才能督促自己努力寻找正确的解决方法，促进教师专业成长。因此，可以鼓励教师每次课后进行书面化的教学反思，客观分析自己的优势与不足，并努力寻找提高的方法。新任教师在进行教学反思时往往是抽象化的、缺乏事实根据的"套话"，所以应该首先就如何进行教学反思对教师进行培训，让新任教师的教学反思具体化，锁定在具体的教学技能上，如备课、导入、提问、讲解、示范、演示、练习、评价等，以此来提高新任教师做事的目的指向性、准确性和灵活性。

在管理模式上利用多种形式营造出民主、宽松、和谐、向上的园所氛围。当教师出现问题时，少批评，少指责，少命令，多交流，多激励，多引导。向书本学习，向实践和身边的人学习，通过多种形式的指导策略使教师获得进步，提高成就感。通过创设广阔的学习展示平台提高新任教师的成就感，从而实现新任教师的快速成长。

（作者：孙玉梅，本文荣获北京市第七届"京研杯"教育教学研究成果一等奖）

2. 如何通过园本教研解决保教工作中的实际问题？

幼儿园在开展教育教学活动中经常会遇到一些问题，这时需要通过教研的形式来解决，园本教研可以有效解决幼儿园工作中的实际问题，以下是通过园本教研解决幼儿园区域活动中问题的案例。

案例一：通过园本教研落实《指南》精神，树立科学的教育观念，创设开放的区域自主活动空间，促进幼儿个性化发展。

区域活动是要让幼儿自主获得更多的认知与生活经验，需要个人独立探索或几个人相互协作，因此必须创设既互不干扰又方便、开放的活动环境。然而由于受传统观念的影响，我们常常在活动中不让幼儿频繁走动，把幼儿限制在一个狭小的范围内，其实这不仅是对幼儿活动空间的限制，更是对幼儿头脑的一种禁锢。为此幼儿园针对"如何创设开放的活动区域"进行教研，打破老模式，根据各个活动区的特殊需要进行周密的安排，根据动静分开、视觉界限、关联区角在一起、通道设计等原则重新创设区域空间，幼儿可以根据需要去各个区域取自己需要的材料进行游戏，在这样一个宽松、自由、开放的活动环境中，孩子们自主尝试，自主探索，大大提高了幼儿的活动兴趣。

案例二：投放低结构材料，支持幼儿玩出创意，玩出自我。

为了充分支持幼儿的主动学习，给孩子最大的想象和活动空间，幼儿园开展了"低结构材料投放与使用"的研究。教研中围绕"低结构材料投放与使用"进行头脑风暴，教师们提出了自己对于低结构材料、活动的理解和做法。在进行了思维碰撞之后，各班教师结合不同的观点和看法，根据幼儿年龄特点在各自班级进行了"低结构材料投放和使用"的实践。首先班级将玩具区内的高结构材料收回，随后和幼儿一起收集并投放了磁铁积木、各种吸管、各种瓶盖、小木桩、盒子、绳子、筷子、瓶子、木桶等低结构材料。家庭区中我们把以往教师做的仿真材料都收起来，重新梳理家庭区投放的材料。经过研究，我们将材料分为四类投放：厨房类、日常生活用品、角色扮演类、婴儿用品类。提供的材料上也都是趋于真实的材料。例如，在家庭区投放妈妈的高跟鞋、小包，爸爸的领带，爷爷的眼镜，宝宝的纸尿裤、洗澡盆等；在厨房投放烤箱等。幼儿能够利用各种低结构材料进行操作、想象与创造。中班表演区，教师和幼儿一起布置了 T 台秀，有幼儿喜欢照的大镜子，喜欢走的 T 台和各种颜色的百变纱巾。在户外运动区提供多种低结构材料，如不同种类的梯子、木块、纸箱、纸棍、绳子、油桶、轮胎、木板等。"低结构材料的投放和使用"让幼儿玩出创意、玩出自我，从而真正体现出"我们在玩，我们不只是在玩"的理念。

案例三：自主游戏，专业支持。

游戏是幼儿学习的重要形式，在游戏中教师的有效介入可以引导幼儿主动探索，激发幼儿游戏兴趣，使幼儿的游戏向高一级水平发展，从而提高游戏质量，促进幼儿社会性的发展。那么教师如何介入游戏，以何种方式、方法介入，介入到什么程度等是对教师专业水平和专业技巧的考验。

教师只有通过观察才能知道幼儿是否对游戏有兴趣，材料投放是否恰当，幼儿的游戏水平如何。教师只有通过观察才能发现幼儿在游戏中遇到的困难，在需要的时候适当介入，避免以成人的看法去干涉幼儿游戏的现象发生。幼儿园通过教研与具体实践总结出实用的介入方法。

第一，教师要做一个"装傻"的教师，相信孩子，给幼儿充分的自主游戏空间与时间，在幼儿游戏的过程中学会静静等待。

第二，教师要学会做"配角"，用幼儿给自己分配的角色进入到幼儿的游戏中与幼儿互动，起到赞赏、支持幼儿游戏的作用。如在表演区，当幼儿处于主动地位时，教师可扮演配角和孩子平行式地互动，了解他们的游戏。

第三，幼儿在游戏中出现严重违反规则或攻击性等危险行为时，教师直接介入游戏，对幼儿的行为进行直接干预。如在游戏中，幼儿之间因争抢玩具而发生打骂、肢体较严重的接触时教师应直接干预。

总之，园本教研是助力教师专业发展的重要载体，观念的创新，恰当的选题，有效的研讨，适时的指导能够对教师的专业发展起到重要的引领作用。

（作者：孙玉梅、陆晓燕，本文荣获北京市第五届"智慧教师"
教育教学研究成果一等奖）

3. 如何培养园所名师，加强教师的党性修养？

骨干教师是师德高尚、业务精良、学识广博的学科带头人乃至名师，骨干教师在园所发展中发挥着示范和引领作用。课题组通过调查研究、案例研究、行动研究分析了本园党员队伍及教师队伍的整体情况，提出了幼儿园双骨干培养机制，这对幼儿园党组织破解队伍建设难题，提升党员和教职工队伍整体素质，促进双骨干培养取得实效具有较强的借鉴意义。

基础教育改革的不断深入对担负着学前教育重要责任的幼儿教师提出了新的更高的需求。《国家中长期教育改革与发展规划纲要（2010—2020 年)》提出"努力造就一支师德高尚、业务精湛、结构合理、充满活力的高素质专业化教师队伍"的战略目标。作为幼儿园党组织，加强党员、骨干教师的双培养工作，使其发挥示范引领作用，真正成为支撑幼儿园发展的最优秀的人力资源，是当前必须肩负的历史使命。

一、为何要加强骨干教师的党性修养

第一，幼儿园骨干教师在教科研工作中扮演着重要的角色，但是由于平时忙于业务工作，疏于党的理论学习，对入党缺乏深刻的认识，理想信念模糊，对政治问题较为淡漠。随着经济全球化的发展，在日益丰富的文化及物质形态的影响下，骨干教师的世界观、人生观和价值观很容易发生变化，同时有个别教师存在着"业务上的发展是实的，政治上的进步是虚的。专业技术职称是硬的，党员政治身份是软的"的消极思想。这种错误观念的存在导致个别骨干教师只注重专业技能的提高，而淡化了政治意识，形成骨干教师业务积极、入党消极的局面。另一方面，有个别党员是上学时入的党，由于从业时间短，专业水平不够成熟，在日常的工作中信心不足，工作成效一般，不能发挥党员的先锋模范作用。

第二，党支部对思想政治教育内容、方式的选择过于单一，方法不够灵活，支部存在着对党员教师、骨干教师的思想政治教育工作抓得不紧，对培养骨干教师入党问题不够重视，对党员教师要求不够严格，对写了入党申请书的人员关心不够等问题。在当前新形势下，如何结合骨干教师的特点探索思想政治工作的新方法，主动调动教师加入党组织的积极性是我们需要解决的新问题。

上述问题不仅严重制约了幼儿园党员队伍的建设，而且也将进一步影响学前教育事业的长远发展。因此，如何结合新时期党中央关于在全体党员中开展"两学一做"学习教育活动的契机和幼儿园"双培养"工作的实际，认真探究适应形势发展需要的行之有效的"双培养"工作机制是非常必要和亟待解决的问题。

中共中央组织部、中共教育部党组联合印发的《关于加强中小学校党的建设工作的意见》中指出要提高党员发展质量。实施以把骨干教师培养成党员、把党员教师培养成教学和管理骨干为主要内容的"双培养"工程，加大在优秀青年教师和教学一线教师中发展党员的力度。结合幼儿园工作实际，坚持立德树人，培养"双骨干"高水平人才，坚持开放共享，打造多资源平台，面向发展前沿，坚持优质均衡，搭建"双培养"互通"立交桥"。对骨干教师队伍和党员队伍实施双向培养，有利于改善党员队伍的结构和分布；有利于全面提升党员素质；有利于探索新时期人才培养的有效途径；有利于教师队伍整体素质的提高，从而促进园所可持续发展。具体来讲，积极推行"双培养"工作机制，一方面可以把优秀人才确定为党员的培养对象，将思想政治素质提高较快、群众公认度较高的优秀人才及时列为入党积极分子，吸收到党组织中来，让青年骨干教师在思想觉悟、政治修养、业务能力等方面不断取得进步，进一步增强青年骨干教师的先进性；另一方面把党员教师培养成骨干教师，有助于其在思想道德方面、提高保教工作水平等方面更好地发挥模范带头作用。

二、推进"双培养"工作的有效措施

（一）创新思想政治教育方法，吸收青年骨干向党组织靠拢

针对当前幼儿园中青年骨干教师中普遍存在的"重业务轻政治"的错误观念，党支部积极创新思想政治教育方法，构建"引领—激励—建梯队"的工作

机制，通过"一个引领，三个建立"加强对中青年骨干教师的思想政治教育，使其早日加入党组织。

1. 注重思想引领。完善党员干部责任区制度以及发挥党员骨干教师的引领作用，实行"一对一"帮扶指导，明确党员干部及党员骨干教师的职责和标准，实行包干负责制，引领青年骨干教师树立坚定的理想信念，坚守主流意识形态，形成正确的个人政绩观和集体利益观。通过日常工作碰撞和谈心交流，着重进行反思分析，对青年骨干教师的思想方法进行帮扶与指导。让骨干教师分别独立承担相应领域的全部工作，在一线工作实践中学习认知教育教学管理规律，勇敢地担当起幼儿园创新发展的责任和使命，发挥示范引领作用。

2. 建立培训机制。在制订支部学习计划中，积极吸收骨干教师参加党组织培训，以学习党章党规及党的基本知识为抓手，逐步加深他们对党在不同时期的基本理论和指导思想、党的基本宗旨、党的辉煌历史以及党的基本知识的了解和认识，不断提高对中青年骨干教师的党性教育，帮助其树立正确的世界观、人生观和价值观，使其坚定立场，为早日加入党组织打下良好的思想基础。

3. 建立激励机制。鼓励教师加强学习，注重政治思想教育与业务培养紧密结合。根据"走出去，请进来"的教育培训方针，不断提高职工业务素质。结合骨干教师的专业技能和思想状况，不断创新政治思想教育方法，业务教研中渗透思想政治教育，从而有利于中青年骨干教师认识到党支部求真务实的工作作风，纠正其"业务发展是实，政治进步是虚"的错误认识，另一方面也有利于激发中青年骨干教师的政治学习热情。在中青年骨干教师的业务考核和选拔机制中强化思想政治考察，以此推动中青年骨干教师加强思想政治学习的主动性，不断提高自身的政治理论水平和修养。

4. 建立培养梯队。制定积极分子培养方案和培养计划，根据个人发展情况建立培养梯队。第一，党支部利用宣传载体在骨干教师中大力宣传党员的先进典型事例，使他们真正地、发自内心地、自愿地向党组织靠拢，增强其入党的决心和信心。第二，通过邀请中青年骨干教师参加党内关于先进人物和事迹的学习研讨活动，使优秀共产党员为人民奉献的精神不断激发中青年骨干教师对党组织的向往。第三，充分调动党员骨干教师教书育人的示范作用，鼓励他们在引导中青年骨干教师搞好教学、科研的同时，关心其政治上的成长进步，以此不断增强中青年骨干教师的政治意识。

（二）落实青年人才培养制度，把党员培养成教学骨干

1. 引导。政治上引导党员教师积极进取。开展"两学一做"既是青年党员个人成长的需要，更是青年党员更好地开展工作的保证。让他们深刻认识到党章党纪是红线，系列讲话是引领，合格党员是追求。率先垂范，严实相济，奋勇争先，以知促行，做讲政治、有信念，讲规矩、有纪律，讲道德、有品行，讲奉献、有作为的合格党员。青年党员教师有了上进心，就有了发展的内动力。党支部充分利用支部大会、新老党员"一对一"帮扶等渠道组织青年教师学习理论，提高思想政治素质，树立正确的世界观、人生观、价值观。

2. 帮助。业务上帮助党员教师提高专业技能，这是青年党员教师成才的基础。

一是强化练兵，夯实专业基本功。在园本教研、分组教研活动中对党员教师采用"研、训、传、说、摩、练"六种培训模式，有效进行日常教学活动的组织与管理，夯实专业基本功。

研即研究，将教师分为不同发展层次、不同岗位，有针对性地开展实践研究。训即培训，用"走出去"开放式培训，"请进来"引领式培训和园内常规业务培训。传即传承，将园所多年的经验和管理模式通过层级带动的方法传承下来，形成制度、系统和规模。说即解读，党员教师对计划、教案以及开展的教育活动能叙述出来，并解读清楚。摩即学习观摩，把成功的教育案例展示出来供大家观摩学习，并结合自己的教育方法深入优化，加以推广。练即练兵，先模拟情景练习专业技能，再到实际工作中去历练提高。

二是借助外部资源为党员教师成长助力。名园引领、专家点拨是提升教师理论水平，促进党员教师专业发展的有效途径。为此根据"请进来、走出去"的工作思路，借助专家资源促进党员教师专业发展，借助名园效应寻找新的生长点。

三是养成反思习惯。自我反思是党员教师专业成长的关键因素，党员教师必须通过自我诊断与反思，客观认识自身优势与不足，才能督促自己努力寻找正确的解决方法，促进教师专业成长。

3. 激励。在精神上激励党员教师不断奋进。目标激励是青年党员教师成长过程中不可缺少的一个环节。根据幼儿园的情况制定"师德标兵""技能高手"评价系列活动,在党员中开展"我为党旗添光彩""一名党员就是一面旗帜"活动,开展"评十佳、创品牌""塑形象、讲奉献、创业绩"等主题教育和社会实践活动,并要求党员要在觉悟上高于其他教师,在业务水平上高于其他教师,在实际工作成效上高于其他教师,从自身做起,从小事做起,要求教师做到的,党员要首先做到,以此激励党员教师努力成长为骨干教师。

三、"双培养"工作机制的初步成效

(一)心中有目标,教职工队伍整体素质显著提高

通过对党员实行日常教育和专题辅导培训,分层次、多形式、注重实效的培训格局已经形成,党员思想认识得以提高,服务意识得以提升,服务观念更加牢固,先锋模范作用更加突出。此外,加强党员队伍建设,规范党员发展工作,严格发展党员工作程序,及时把政治上成熟的骨干教师吸收到党组织中来,有效地纯洁了党员队伍。

(二)人人有追求,党组织的向心力得到巩固

职工队伍建设是一个单位发展的根本和保障。党支部在园所发展过程中把握好发展方向,掌握大局,做好职工的政治思想工作,激励职工的行为动机,去发现人、使用人、培养人。发现人的长处,最大限度地发挥他们在团队中的作用,为单位创造财富并享受在工作中的快乐,实现自己的人生价值。

(三)创新党建工作机制,党组织的服务能力取得了新实效

"双培养"工作机制的建立为创新党建工作思路提供了新的途径,党建各项工作稳步推进,初步形成了思想领先、责任明确、措施到位、关系融洽、政令畅通、管理高效的运行模式。

一是干部队伍建设成效显著。在工作实践中形成了一套干部管理方法。如干部"五心"管理法,即用关心拉近人、用诚心打动人、用真心凝聚人、用爱心引领人、用信心塑造人。工作中落实"三个突出、四个到位",即突出学习之风、突出民主之风、突出团结之风;思想认识到位、责任领导到位、制度执行到位、问题解决到位。工作中做到"三容"和"三个互相",即容言、容事、容人,互相支持不争权,互相尊重不刁难,互相配合不拆台等。

二是党组织的服务能力得到加强。以服务群众、做群众工作为主要任务,以群众满意为根本标准,定期召开民主生活会及组织生活会,查找不足,及时

整改，使服务成为我园党组织建设的鲜明主题。

三是党建工作机制更加完善。建立党员干部联系群众制度，及时将党建工作动态进行反馈和交流，有效激发了党组织的活力；完善《党员责任区制度》，根据党员所在班级划分党员责任区，由各科室主任为组长，分层进行帮带活动，并制订党员计划责任书。主题党日活动内容更加丰富。

新时期幼儿园党组织"双培养"机制是一项长期的工作。要坚持边实践、边总结、边提高，不断完善各项措施。通过总结和提高形成适合教育实际的"双培养"方法，全面提高教育党建工作水平，提高教师整体素质。建立更加完善的教师队伍管理和培养机制，打造一支师德好、业务精、素质高、爱好广、受学生喜欢的教师队伍。

（作者：孙玉梅、隗桂梅，本文荣获北京市第七届"京研杯"教育教学研究成果一等奖、荣获 2016 年度北京市普教系统党建研究成果三等奖）

4. 业务管理者如何培养教师的专业能力？

教师是幼儿园发展的中坚力量，这种力量决定了幼儿园内涵发展的深度、广度与高度。幼儿园应重视教师的专业成长，运用科学的方法创造机会，搭建平台，引领教师在专业发展的道路上健康成长。

实践告诉我们，教师的专业成长离不开群体的影响和组织的支撑，团队成员之间如果能相互学习、相互配合、相互激励，那么团队中的每一个成员都能够不断突破自己的能力上限，迅速成长。因此，业务管理者应重视教师团队建设，让团队的力量为教师的专业成长助跑。

一、构建和谐团队，激发专业成长自觉性

要构建和谐团队，"人本管理"是关键。"人本管理"不仅要关注教师的不同个性、不同发展水平和不同发展需要，更要关注他们在幼儿园发展中的价值

与地位。

第一，关心教师的家庭幸福，如关心他们的恋爱、婚姻，引导他们正确处理与家庭成员之间的关系，用集体的智慧与温暖来提升他们生活的幸福指数。

第二，在工作上允许循序渐进。体谅教师面对《幼儿园教育指导纲要（试行）》（以下简称《纲要》）、《指南》所形成的困惑和压力，不在工作中指责他们，而是尽量包容并给予他们精心的指导，给他们一定的时间去领悟和调整，帮助教师树立专业自信心，逐步激发专业发展的主动性。

第三，在发展上实现分层递进。如对全园教师实行分层目标管理。如工作 1～5 年的青年教师每学期要进行一节成功的汇报课、说一次课、写一份优秀的活动案例；工作 5 年以上、9 年以下的成长期教师，每学期不仅上一节成功的展示课、说课，重点还要写好一篇教学论文，积极参与园级课题研究。工作 9 年以上的成熟型教师的重点是形成教学特色和开展高一层次主题下的活动和领域的研究。这样的培养目标避免了"一刀切"，更能以发展的眼光来评价每一位教师，能让他们在最近发展区内获得最佳发展。这种人性化的目标管理方式遵循了青年教师专业发展的规律，有效激发了他们专业成长的自觉性。

二、团队伙伴互助，推动专业成长

（一）健全多元带教制

带教是培养青年教师、造就骨干教师的有效途径，幼儿园开展了多层面、多种形式的带教活动。

一是新教师与富有教学经验的老教师进行师徒结对，通过"以老带新"帮助青年教师尽快适应工作岗位；二是由区级骨干教师与园级骨干青年教师结对的梯队带教制；三是科研带教，青年教师与幼儿园内富有科研经验的教师结对，以此来指导青年教师开展课题研究工作；四是特长带教，即针对每一位青年教师专业素养结构中的"短板"，结对一名在这方面有特长的教师进行指导。

（二）加强教研组团队建设

首先，积极建构和谐教研组，让教师置身于被关爱、被理解、被信任的教研氛围中；其次，始终把"加强教研组内涵建设，促进青年教师专业成长"作为教研组团队建设的宗旨，努力搭建"伙伴互动三大平台"。

1. 理论学习伙伴互动平台。在教研组活动中，引导教师开展结合实践问题的学习，为避免学习形式的单一化以及孤立的死读书，要关注教师学习的互动性。如组织教师参加参与式培训、体验式培训、我们一起来分享等活动，让学习在参与中更有效。

2. 实践反思伙伴互动平台。教师的专业成长离不开"实践"与"反思"，因此在教研组活动中聚焦课堂，实现"备课—说课—听课—评课"一体化，促进青年教师在伙伴互动的过程中实现专业成长。如在教研活动中开展以年级组、骨干教师带教的"多人一课"合作型集体磨课活动，为青年教师的学习交流、取长补短提供机会，让青年教师在集体备课中获得群体的智慧，从而完善自己的活动设计，从源头上把握如何实施好课程；再如"听课、评课"以鲜活的教学现场为案例，对青年教师的教学行为进行诊断、评价与质疑，我们将关注点集中在个体的"自我反思"以及群体的"仁者见仁，智者见智"的评议上，从而在互动中实现青年教师的共同成长。

3. 思辨研讨伙伴互动平台。教师思维活跃，喜欢形式活泼、有挑战性的培训活动，我们在教研组活动中以质疑和提问的方法，让教师在宽松的氛围中进行思考，针对教育观念、教学行为、教学手段等各抒己见。这种思想的交流、思维的碰撞促进了教师间的沟通，也有利于大家站在不同的角度辩证地反思自己的教育行为，提升思辨能力。

三、利用"走出去、请进来"的方式提升教师专业水平

（一）走出去

利用参观学习机会组织教师学习，吸取他人的有益经验，开阔视野，有效促进教师的专业成长。参加学习的教师不仅自身要领会学习的内容，还要将学习的内容整理后传达给全园老师，拓展老师的思路，提高全园老师的理论水平。这种方式一方面让外出学习的教师有目的有重点的学习，同时通过传达和专题培训将其他园的教育经验和新的幼教信息本园化，帮助更多的新教师受益。

（二）请进来

结合幼儿园教学活动的需要，针对教师在教学过程中存在的普遍性问题，邀请专家到园指导，积极寻求专业引领。

四、园本教研是教师专业共同成长的有效途径

教师们积极参与互动式教研、参与式教研，增强教师反思教学的意识，提高教师行动研究的水平，尊重和保护教师教学研究的积极性和创造性，增强教师的自信心，从而营造一个求真、务实、严谨的研究氛围，在促进教师发展的同时促进学习型组织的形成。

（一）年级组长制订教研计划，组织年级组教师教研

按幼儿年龄段划分为三个年级，根据年级成立三个教师教研组，每隔一周的中午分组开展教研活动。由业务园长和教研组长组织活动，解决日常教学活动中存在的问题，确定教学主题，区域活动。大家既有分工又有合作，对主题活动、区域活动等的计划、实施、教学方法等进行讨论交流，各抒己见，最终通过大家的研讨达成共识。

（二）年级组教学活动观摩

年级组长带领组内教师集体备课。安排本年级组承担阅读、音符教学活动的教师轮流执教上观摩课，其他教师观摩研讨，一起分析教材、研讨教案，详细分析每个环节的经验与不足及如何处理活动中出现的突发事件等。大家在反复研讨的基础上在本班实践。通过这种示范、研讨、实践的过程带领教师迅速熟悉教法，使每个人的聪明才智和教育技能得到充分的发挥，教师在互相交流和对话中分享和汲取有益的教育信息。

（三）观察、记录、反思、总结是教师专业提升的有效方法

在通过各种途径开展学习活动的基础上，要求教师在工作中不断总结经验，反思教学行为，经验＋反思＝成长。如教师每周写一篇幼儿活动观察记录，及时根据教学实践反思和调整教育行为；每期形成一篇水平较高的论文，论文要求结合自己的教育实践总结经验。

五、新教师的成长是教师队伍水平整体提升的后续力量

在岗前对新教师进行岗前思想动员，要求她们尽快了解每个幼儿，熟悉班级环境，积极主动和班级成员合作，满腔热情、充满活力地投入到工作中去等。

（作者：陆晓燕，本文荣获北京市第四届"智慧教师"教育教学研究成果一等奖）

5. 如何提升教师讲故事的技巧？

故事是给予幼儿的一份爱的礼物。一位资深教师曾经说过，孩子最喜欢的老师是最会讲故事的老师。很多新教师认为每个人天生都会讲故事，并未将讲故事能力的培养视为教师的基本技能，结果是讲故事平淡乏味，很难吸引幼儿，更难以达到预期的效果。针对这些问题，可以采取以下策略。

一、鼓励阅读，提升新教师的儿童文学素养

著名作家金波说："对于教师来说，儿童文学是一种素养。教师阅读儿童文学，不只是为了指导儿童阅读，不只是为了提高教学水平，还是一种职业的素养，甚至是做人的素养。这种素养，既有利于你的教学，也有利于提高你的生活质量，丰富你的情感世界。"

在调查中我们发现许多职初教师由于不是师范生，没有接受过系统的儿童文学教育，阅读量小，知识面窄。即使阅读儿童文学作品，也都是集中在一些耳熟能详的传统名著，例如《安徒生童话》《格林童话》《伊索寓言》等，熟知的作家只有外国的安徒生、格林兄弟，中国的冰心，了解的作品只有《白雪公主》《小红帽》《三只小猪》《卖火柴的小女孩》，更有相当一部分老师甚至没有读过这些作品，只是听过故事。

这种现状显然无法适应现代幼儿教育的需要，提高教师的儿童文学素养意义重大，同时也迫在眉睫。我们在调查的基础上为教师提供阅读书目，开展讲座，鼓励教师阅读具有时代特色、符合现代儿童观的作品，特别是深受幼儿喜爱、对幼儿成长有巨大价值的绘本作品。

二、指导新教师把握幼儿的年龄特点，选择适宜的好故事

3～4 岁幼儿喜欢简单有趣的故事。他们喜欢拟人，把小猫、小狗甚至小瓶子、小凳子等都想象成人，对虚幻与真实还缺乏分析。这正是童话故事中经

常出现的，童话说的是孩子话，口语多，句子结构简单且篇幅小，角色少，主题简单明了，好坏分明，幼儿易于接受，乐于模仿。

5～6 岁幼儿喜欢情节比较曲折的故事。要选择有些悬念的故事，那些听了开头就知道结尾的故事，他们一般不感兴趣。而且在选择内容之前要了解听故事幼儿的前期经验，比如是否见过大海、刺猬、松鼠，让孩子了解新的故事应从熟悉的东西出发，并且将新的要求与旧的知识相融合。

当然，无论选择什么样的故事都要充分考虑幼儿的心理需求，尊重幼儿的兴趣爱好，同时也要注意故事的教育性、知识性和趣味性，留给幼儿发挥想象的空间。

三、帮助新教师掌握讲故事的技巧，形象生动地讲述故事

技巧一：要有充沛的感情。让幼儿安静地坐好，可以呈半圆形围坐。教师或站或坐，但一定要让所有幼儿能够看到老师的脸（即面部表情）。尽量用通俗易懂的口语讲得清晰、自然、有表情，要注意随时用眼神与幼儿交流，面部表情和体态要自然大方，要有极大的感染力。

技巧二：要随时观察幼儿的表情和情绪变化，发现幼儿不感兴趣时，不要强迫幼儿听，可暂时不讲或讲一个爱听的故事，或向幼儿提出有趣的问题，以激发幼儿继续听故事的兴趣。

技巧三：给幼儿讲故事，语言要准确生动，避免语病或地方口音。语言的速度、停顿和声音的高低要掌握好，还要掌握好故事的层次，把故事讲得富有节奏感，并用语调的轻重缓急、高低抑扬把这种层次表现出来，使幼儿深刻感受故事内容的生动和艺术美。另外，还要区别角色之间的细微差别，不同的动作、表情、心理活动、语言特征要夸张地表现出来，对故事中的象声词要尽量讲得接近于形容的声音，这样才能做到绘声绘色，惟妙惟肖。

技巧四：学会在适当的时候设置停顿，卖关子。在讲故事的过程中要善于用提问来激发幼儿的思考，讲到关键处，要用问题造成短时的悬念，有时也可以让幼儿说说。有时只是停顿一下，达到以上目的便可以接着讲下去。在重点和难点时停顿一下，让幼儿注意和进行思考后再继续讲，讲到新词语时提出问题，帮助幼儿理解掌握词语。这样做能使幼儿高度集中注意力，积极思考和想象。

技巧五：在适当的时候让孩子与故事中的角色进行互动。可以利用幼儿在想象与真实之间不能分清界限的特点，让他们直接融入到故事的情节中。帮助故事中的弱者逃跑或是找到想要的东西。如给小兔壮壮胆，给胆小的小羊打气，这些都是孩子们非常乐意参与的事情，而且会十分投入。有时候幼儿听到大灰狼要追上小兔子时，他们会激动地喊："小兔子快跑，小兔子快跑！"有时候老师讲到一个角色重复的动作，不断重复这个动作，孩子们会情不自禁地说这个动词，好像他们也在和角色一起感受这个动作，这样有利于幼儿对动词或是故事情节的深刻体会与理解。

总之，故事蕴涵着丰富的认知、情感、审美、道德等方面的价值，是最受幼儿喜欢的文学形式。会讲故事并有效进行故事教学是幼儿教育的职业需求，是幼儿教师的基本功。一份汗水，一份收获，相信我们的教师都会成为孩子们喜爱的"故事大王"！

（作者：周建，本文荣获北京市第八届"京研杯"教育教学研究成果一等奖）

二、活动区材料投放与指导

角色游戏是通过做某人做的事,说某人说的话来假装成为那个人,通过角色游戏,幼儿得以在假想的情景中参与成人的活动,从活动中体验和认识成人的世界。家庭区是幼儿开展角色游戏的主要场所,通过创设情境,提供以物代物的材料,鼓励幼儿承担一定的角色来开展游戏活动。在游戏中幼儿独立自主地确定游戏主题、构思内容、分配角色和制定规则。

一、低结构材料的投放可以激发幼儿兴趣,满足幼儿发展需要

游戏材料是影响幼儿游戏兴趣及质量的直接因素之一,教师应根据幼儿的年龄特点和兴趣恰当地投放角色游戏材料,使材料帮助幼儿提高游戏水平,发挥游戏的教育作用。家庭是幼儿长期生活与交往的场所,他们向往能够像成人一样参与各种活动,所以家庭区一定要再现幼儿生活的场景。

家庭中的厨房是幼儿很少涉及的地方,里面包含各种刀叉、水壶等,存在各种安全隐患,过少的接触使得幼儿对厨房的操作非常好奇。在区域游戏中,我们提供能够操作的真实材料,安全隐患比较低的材料,让幼儿模拟成人的操作,从而满足幼儿的好奇心与操作欲望。将厨房用品材料分为真实材料与以物代物的材料。可以提供西餐刀或者切蛋糕的塑料刀、案板、红薯、土豆、苹果等,让幼儿在切切、洗洗中体验成人做菜的过程。在活动中与幼儿园厨房进行联系,请幼儿在每天的区域活动时去厨房取中午要吃的蔬菜,进行分拣择菜,这样不仅让幼儿获得生活经验,更锻炼了幼儿的社会交往能力。还可以提供面团,让幼儿在揉揉、捏捏中体验自己创造的快乐。活动结束后,幼儿自己清洗收拾各种物品,体验成功的喜悦。以物代物的材料满足幼儿多方面的兴趣,如炒菜、涮肉、做粥、喝酒等,他们通过与这些材料的互动,体验成人的多种劳动。

家庭区的游戏主要是角色扮演,幼儿体验不同角色的工作内容与生活,角

色服装是必不可少的内容。在材料收集与投放中，妈妈的高跟鞋、化妆品、书包，爸爸的领带、手表、墨镜，爷爷的拐杖、轮椅，奶奶的眼镜、围裙等都成为了幼儿搜集的主要材料。现在已经全面放开二胎，许多家庭都增添了小宝宝，幼儿每天回家都会看到家人照顾宝宝的情景，所以在家庭区投放一些婴儿用品，如围嘴、奶瓶等，让他们再现生活中的场景。在日常生活用品方面提供沙发、桌子、镜子、化妆品、毛巾、水盆、袜子等，幼儿模拟妈妈化妆、洗衣服、晾袜子、刷鞋子等活动。

二、教师的指导以尊重为先，观察为主，适时介入与指导

有了丰富的低结构材料填充家庭区，孩子们能够更好地与材料互动。但是幼儿在区域中游戏时会发生各种情况，《指南》中指出："教师应成为幼儿学习活动的支持者、合作者、引导者。教师要善于发现幼儿感兴趣的事物、游戏和偶发事件中所蕴含的教育价值，把握时机，积极引导。"所以教师要恰当地进行指导，促进幼儿主动学习，获得经验。

1. 丰富幼儿经验，帮助理解角色。角色游戏的内容来源于现实生活，是社会性的游戏。只有幼儿有了一定的生活经验，才能产生玩游戏的愿望，所以幼儿了解和认识角色的作用与行为尤为重要。在家庭区游戏中，当幼儿遇到角色认识不清的现象时，教师不要急于告知，要让幼儿自己发现问题，观察家人的活动内容，社会职业的内容，然后进行分享，明确每种职业的工作职责，为幼儿的角色游戏奠定基础。如幼儿第一次穿警察衣服时，只局限于指挥交通，当有人向他们求助的时候，他们就会陷入迷茫，不知道这件事该不该管。有了问题，教师就可以引导幼儿自己去寻求答案，然后会发现警察的分类与不同职责。了解了这些，他们会在班级的活动中进行检查，因为他们知道警察有维护治安的职责，这样在幼儿园的游戏中，当他们发现有在教室中奔跑的行为就会及时制止，减少安全事故的发生，或者发现幼儿有争抢玩具的现象，也会介入。

2. 尊重幼儿，让幼儿自由选择。随着学习故事的开展，我们知道幼儿在游戏过程中具有绝对的主体地位，所以教师要尊重幼儿的意愿。幼儿有发自内心的理解和主张，能够自己选择游戏伙伴，自己商量确立游戏内容，自在地进行游戏。在家庭区游戏中，幼儿会根据自己的兴趣选择是参与厨房的游戏还是角色扮演的游戏，或者两者兼之。教师观察幼儿与材料的互动过程，发现幼儿

主动学习的闪光点。孩子们为家庭区提供了许多核桃，她们在操作中仅限于拿来拿去。作为教师我们尊重了幼儿的选择，继续观察她们的行为。一天孩子带来了装饰有核桃仁的饼干，他们品尝后觉得非常好吃，在家庭区制作饼干的时候，他们想到了使用核桃，于是在游戏中，他们自然地选择了砸核桃的活动。由于幼儿力量小，用核桃夹子夹不开核桃，他们有的会寻求教师的帮助，或者回家询问爸爸妈妈，学会了多种砸核桃的好方法。所以当幼儿没有选择投放的材料时，不要强迫幼儿，而是耐心地观察，尊重他们的选择。

3. 适时介入，恰当引导。教师的介入分为两种情况，第一种为冲突时的介入。4～5 岁幼儿受身心发展水平的制约，活动中幼儿间争吵、打架的现象时有发生。在幼儿发生问题的第一时间，教师不要冲上去充当和事佬、审判官，而应该观察幼儿解决问题的办法，给予他们自己解决问题的时间。在家庭区的游戏中，幼儿之间会自己进行角色的分配与材料的选择。当众多人都想选择家庭区的真实厨房进行操作时，他们会自己观察厨房的人数与材料，或者抢先到达的幼儿会提出合理的解决办法，如我先做饭，你抱娃娃，然后互相交换。当幼儿主动向教师求救的时候要启发幼儿自己想办法，让他们用公平、合理的办法去解决问题，幼儿的问题解决后，在游戏回顾环节进行分享与讨论，让经验在幼儿之间进行传递。

第二种为主动地介入。幼儿的区域时间，教师的主要任务就是观察幼儿的游戏状态与内容。当发现幼儿的操作与年龄特点不相称的时候，教师就要主动介入，但不要生硬地打断幼儿的操作，而是观察模仿幼儿的行为，从而诱使幼儿主动与你进行交流分享，或者等待幼儿邀请自己参与游戏，作为一名参与者，从而了解幼儿的操作意图。如幼儿在切红薯的过程中，使用餐刀的方法不对，总是用中间部分切，老师就可以加入到游戏中，用餐刀的前部切红薯。孩子就会观察到教师的动作，从而学会餐刀的正确用法。

家庭区是幼儿重要的操作、交往区域，教师要结合《指南》精神，对幼儿的游戏活动进行持续的观察、反思和总结，及时调整材料。教师要针对不同幼儿的活动反应及活动后的评价进行有针对性的介入指导，让幼儿在有意义的活动中学习处理问题的方法，提高交往能力。

（作者：张雪梅，本文荣获北京市第五届"智慧教师"教育教学研究成果一等奖）

7. 如何创设小班的生活化主题环境？

我们每时每刻都处于环境之中，优美的环境可以使我们心情舒畅。环境也是幼儿园重要的组成部分和教育资源，我们应通过创设和有效地利用环境影响幼儿，使之得到发展与提高。幼儿园主题环境是幼儿园环境中重要的一部分。主题环境要根据幼儿年龄特点与幼儿实际情况而设定。本文结合"宝宝不怕冷"这个主题谈一谈对小班生活化主题环境创设的几点理解。

一、创设生活化主题环境要找好切入点

创建什么主题既能体现我园的健康特色又能调动幼儿和家长参与的积极性？本班幼儿的问题和兴趣点是什么？这是创设主题首先要思考的问题，也是一个主题的切入点。切入点想好了，下面的步骤才好设定与开展。通过早操环节，我发现本班幼儿来园时间明显比其他班的幼儿晚。经过与家长和幼儿聊天了解到：家长们的想法是天气冷，孩子不愿意出来，也怕孩子生病。孩子们的想法很简单：天很黑，不想起；太冷了，不想动。根据幼儿在初冬出现的这一问题，结合《指南》中"能在较热或较冷的户外环境中活动"的目标，我从冬天切入主题，既符合我园健康特色，又能调动幼儿活动的积极性，转变家长的观念。

生活化主题主要从幼儿的问题和兴趣中来。教师要从这些问题中挑选具有教育价值且有利于幼儿发展与提高的内容，再结合《指南》和《纲要》中幼儿的发展水平和幼儿园特色进行五大领域的融合，创建本班的生活化主题。

二、创设生活化主题环境要确立好步骤

我们选好主题的切入点，就像大树有了树干。我们要用丰富的内容去添枝加叶，使之成为一棵枝繁叶茂的大树，让这棵大树在幼儿的身上茁壮成长。

大树有主干有枝干，主题也要细化。细化步骤时要注意同级步骤内容要在

同一层面上，同时要结合本班幼儿年龄特点和《指南》中的目标。开始时，我选择了几个方面：冬天来了、冬天的我、冬天的树、冬天的游戏和冬天的节日。经过细细研究，冬天的游戏是幼儿的活动，和"冬天的树""冬天的我"不在同一层面上，应该归在"冬天的我"这个步骤之下。"冬天的节日"和前几个的内容不相融合。而且主题是由幼儿不爱参加早锻炼、户外活动不积极的问题而来。接下来经过讨论确定主题网络，主题名称为"宝宝不怕冷"，一级步骤是"不怕冷的我""不怕冷的它们"。"不怕冷的我"下设"运动不怕冷""穿戴不怕冷"；"不怕冷的它们"下设"不怕冷的动物""不怕冷的植物"。主题网络一改，清晰的思路既有利于本班主题的开展，也有利于参观者了解主题内容。

三、创设生活化主题环境要设好布局

中国画中的构图被称为"布局"，布局是指对事物的全面规划和安排。我们的主题布置也要讲究布局。布局合理，使人赏心悦目，能使观赏者掌握作者创作的意图。布局不合理，会使人感到凌乱琐碎，不知道你要表达的意思。因此教师在主题墙的设计上一定要巧用心思。在"宝宝不怕冷"的主题中，开始我把树、人和动物分散摆在设计稿上，很像一幅幼儿嬉戏画。经过讨论发现，这样设计的步骤内容很分散，抓不住重点，于是我们调整为人物和动植物按类别集中在一起，哪里讲幼儿运动与服装，哪里讲不怕冷的动植物，使参观者对主题墙一目了然，内容步骤清晰易懂。

四、创设生活化主题环境要注重互动性、游戏性

小班幼儿特别好动。而且幼儿的学习是以直接经验为基础，在游戏和日常生活中进行的。他们通过直接感知、实际操作和亲身体验来获取经验。因此在开始设计墙饰时，我们给每名幼儿照一张大头照，请玩的幼儿找到自己的头像，再给"自己"装饰衣服，幼儿很感兴趣。小动物也是用不织布缝制的，幼儿可以通过系扣子、按纽扣来装饰。幼儿在玩的过程中发展了系扣子、认颜色，一一对应等能力，还锻炼了手部肌肉，使精细动作得到发展。我们在树上粘上毛球，像一个个彩灯，幼儿寻找相同颜色的毛球夹在旁边进行一一对应的练习。在树叶下藏起小松鼠，幼儿找到小松鼠并进行大小的比较，既新奇又有

趣。在树旁边装上小鸟图片，一拽绳子小鸟就会上下飞，孩子们看到都觉得有意思，想探究它的原理。如此装饰，增加主题墙饰的互动性和游戏性，激发幼儿探索的欲望，调动幼儿操作的兴趣，提高动手的能力，使得幼儿在各方面都有了一定的发展。

五、主题要体现幼儿参与，展现幼儿习得

主题环境不只要让幼儿动起来，还要让幼儿参与进来，增强幼儿的责任感和自信心。幼儿在参与制作的过程中体会到自己是班级的主人，培养了主人翁意识和集体观念。幼儿参与的内容要展现幼儿的习得。我们设计"宝宝不怕冷"的主题是引导幼儿认识冬天，增加锻炼的意识，知道冬季自我保护常识，因此幼儿的参与内容要和这些联系起来。经过讨论和实践，幼儿知道户外活动可以让身体暖起来。我们便把幼儿户外活动的照片展示出来。幼儿还制作了运动的小人贴在主题墙上。墙饰上的衣服都是幼儿和家长一起制作的，他们看到自己参与制作的衣服展示在主题墙上都非常自豪。同时展示的还有幼儿帮助粘棉衣的猫、羊等小动物和幼儿装饰的帽子、围巾、手套等。幼儿把自己的作品和自己知道的知识展示出来，在客人来时能滔滔不绝地介绍主题，告诉你冬季不怕冷的办法。

六、班级整体环境要体现主题氛围

班级的环境是一个整体，我们不能把它割裂开来。在创设主题环境时要注意区域环境的创设，使班级环境围绕一个内容展开。例如幼儿在娃娃家给娃娃穿脱棉衣，在建构区给小动物搭围墙，在美工区给小动物穿棉衣，装饰手套、围巾、帽子，并把作品展示出来，在表演区表演健康童话剧《怕冷的大恐龙》等。区域都围绕主题开展，主题目标延伸到区域中去。

在布置小班生活化主题墙饰时还要注意颜色的搭配。颜色鲜艳明快，接近自然，更容易被幼儿接受。材料的选择要注意安全卫生，大小适中，易于幼儿操作。创设适宜、宽松、和谐、自在的主题环境使幼儿在看、说、做、玩中得到发展。

（作者：于静，本文荣获北京市第七届"京研杯"教育教学研究成果一等奖）

8. 如何在区域活动中为幼儿搭建展示的舞台？

区域活动是孩子们最喜欢的活动，它将幼儿的学习与生活融为一体，区域活动是幼儿在一定的游戏环境中根据自己的兴趣和需要以快乐和满足为目的，自由选择、自主开展、自由交流的积极主动的活动过程。区域活动是一种个性化、个别化的教育方式，它对于培养幼儿的主动性、独立性、创造性，促进幼儿身心全面和谐发展具有重要的现实意义。区域活动的开展能有效促进孩子良好个性的发展，提高解决问题的能力。区域活动氛围更加宽松，操作材料丰富，活动形式灵活多样，可以满足幼儿的兴趣和发展的不同需要。本文以美工区主题"美丽的海底世界"为例说明应如何在区域活动中为幼儿搭建展示的舞台。

一、选择幼儿感兴趣、贴近幼儿实际生活的区域活动，满足幼儿发展需要

幼儿的行为很容易受周围环境的影响，在创设区域环境时，要注重发挥幼儿的主体性。幼儿的生活是丰富多彩的，大自然中的一景一物都是幼儿创作的主要来源。幼儿创作总离不开动物、物品、人物等贴近生活的实际题材。因此，在开展区域活动前，先带幼儿到实际生活中去感受和体验，丰富他们的视觉，让他们看到最直接的人和物，例如带幼儿参观海洋馆回来后，幼儿对"海底世界"里的各种海洋动物都特别感兴趣，于是在美工区开展区域主题"美丽的海底世界"，启发孩子运用一定的知识迁移经验及所掌握的各种技能进行表达与表现，然后再激发幼儿关注生活、热爱自然的情感；最后创设真实的情境，调动幼儿参与的积极性，先后开展"我知道的鱼""海洋馆里我喜欢的鱼""各种鱼的防身方法""刮画活动——鱼""捏泥活动——海底世界"等一系列的活动。

幼儿的思维具有具体形象的特点，教师在进行区域活动时应该借助情景来把握游戏内容。选择幼儿感兴趣、贴近幼儿实际生活的区域活动，满足幼儿发

展需要，最终让幼儿得到进一步发展。

二、材料生活化，帮助幼儿把握活动内容，为幼儿提供自主选择与学习的机会

陶行知先生曾经说过："生活即教育。"生活化教育是以幼儿的能力、兴趣、需要及生活为中心，创造适合幼儿的生活氛围，以实践为基本手段，促进幼儿的个性全面发展，力争在幼儿教育中体现生活化的特征，实现生活化的价值。区域活动源于生活，寓于生活，用于生活。

区域活动的教育功能主要是通过材料来实现的。《纲要》指出："教师要提供丰富的可操作材料，为每个幼儿都能运用多种感官、多种方式进行探索提供活动的条件。"根据《纲要》精神和实践经验，幼儿之间存在着智力水平、兴趣爱好等差异，因此在投放材料时要充分考虑到幼儿的年龄特点及发展需求，选择适宜的区域材料，同时与幼儿家长共同收集来自孩子生活中的种种材料，从而使孩子的想象力得到充分发挥，让孩子们从中领略到自身的价值。在区域活动中有计划有步骤地提供材料，对幼儿进行阶段性、针对性的观察指导，为幼儿提供丰富有效的材料，引导幼儿在自由、宽松的气氛中主动探索、学习。如让幼儿自己收集材料，有计划地开展活动。《纲要》中指出"提供各种美术材料（废旧材料）和工具，引导幼儿尝试自主选择，并利用它的形状、与质地的特点大胆修改、添加、组合，设计和制作。"教师与幼儿一起制作所需的"海底世界"的背景图，让幼儿讨论缺少什么以及怎样制作等，如用彩纸剪的珊瑚、橡皮泥捏的水草等。在进行"废旧材料制作海洋生物"活动中所用的材料都是幼儿自己收集的废旧材料（纸盒、纸盘、纸杯、瓶盖等）。

收集材料的过程是幼儿自主活动的过程，也是幼儿学习的过程，幼儿不仅可以收集自己喜欢的废旧材料，而且在无形中激发了幼儿对各种材料进行认知与探索的兴趣。可见，在区域活动时投放生活化的材料能让幼儿更好地把握活动内容。

三、创设宽松环境，鼓励幼儿大胆放手，让幼儿快乐成长、快乐学习

宽松、和谐、自由的创作环境有利于幼儿创造能力及个性的发展。例如在

指导幼儿捏泥时，让幼儿充分观察，让幼儿有自己经验的表达。对于幼儿的表现与表达，教师要给予孩子们积极的鼓励与肯定，使幼儿在获得经验的同时形成并树立良好的自信心，使他们由此更加喜欢泥工活动，更加有创造的勇气和制作的热情。通过交流分享，让幼儿尽情地交流经验、方法，有问题愿意与大家讨论，在集体面前敢于大胆地表达自己的想法、感受，自由、自主地学习、游戏。

《纲要》告诉我们应把教育提升到一种"以儿童发展为本"的新境界，尊重幼儿、相信幼儿，促进幼儿主动学习，让每个幼儿在原有水平上都得到富有个性的发展，区域主题活动的开展正好体现了《纲要》的内涵。

玩泥是孩子的天性，而捏泥又是一种具有深厚内涵且易于掌握、便于普及的艺术形式。这么简单的活动却能启发孩子们的创造性思维和想象力，培养孩子一种终身受用的高尚志趣，让孩子们开始懂得美，开始喜欢艺术。在"我喜欢的鱼"这一活动中，大部分幼儿的观察能力很强，能够发现水草是弯曲地生长的，鱼的身上有鱼鳞和各种不同的花纹，还有的鱼嘴里有牙齿……然后幼儿先计划好要捏什么样的鱼，根据自己的需要搜集材料，有的幼儿搜集瓜子壳，有的搜集吸管，有的搜集乒乓球、核桃壳等辅助材料。在幼儿捏泥活动的过程中，大部分幼儿能够灵活地利用提供的辅助工具，采用多种方法表现作品的特点。有的用圆圈表现鱼鳞，有的用互相重叠的圆圈来表现，有的用剪成一半的吸管印成一个个的半圆来表现，还有一个小朋友把吸管按在小鱼的身上，拔出吸管后，小鱼的身上留下了一个圆圈，圆圈里面还留下了一个圆球，出现了不同的表现效果。最后幼儿运用泥塑的方法表现出海洋生物的典型特征。

四、科学合理的评价，促进幼儿持续参与区域活动

科学合理的评价是区域游戏开展的重要环节。因此，在此环节中教师应尽可能鼓励幼儿多说、多讲，激励其说出内心想法，继而通过幼儿与其他同伴的讨论等方式了解他们在游戏中的真实表现。在区域主题"美丽的海底世界"中，教师不盲目地对幼儿的作品等进行评价而是观察。因为观察与指导是一体的，观察是指导的前提，指导是观察的行为化表现，而观察与指导要通过科学合理的评价来呈现。在活动中教师细致观察、认真记录。除了教师对幼儿的行为表现、作品等进行评价之外，还会采用集体自评、幼儿之间互评等方式，最

终达到科学合理的评价，促进幼儿持续参与区域活动。

在整个区域活动中教师始终处于一个支持者、引导者、合作者的角色，体现了"以幼儿为中心"的理念，给幼儿提供了一个自由想象和表达的空间，使他们在活动中能尽情地想象、创造。这种宽松自由、和谐积极的活动氛围给幼儿的大胆表现提供了看似无关实则关键的重要支持。

总之，活动区游戏是促进幼儿学习与发展的重要形式与途径。在开展活动区游戏时，教师要以《指南》为依据，通过适宜的内容、合理的环境创设、游戏化与生活化的材料、恰当的观察指导来支持幼儿的活动，让幼儿在快乐的游戏中收获成长和发展。

（作者：项辉，本文在"当代杯"全国幼儿教师职业技能大赛中获国家级二等奖；荣获北京市第六届"智慧教师"教育教学研究成果征文中一等奖）

9. 如何引导小班幼儿搭积木？

活动一：初次玩积木

【活动背景】

在区域活动的时候，有四个小朋友选择了玩建构区。他们不停地把柜子里的积木搬出来平铺在地板上，几乎快把整个地板上都铺满了。

【情景描述】

区域活动的时候，有四个小朋友选择了玩建构区，他们飞快地跑到睡眠室，把鞋子一脱就直奔玩具柜里的积木。我提醒他们："你们的小鞋子找不到家了。"琪琪、彤彤、涵涵三名幼儿立刻把鞋子摆好放在小脚印上。乐乐好像没听见，依然在玩积木。

师："这是谁的小鞋子还没找到好朋友呢？"在我的提示下，乐乐也跑过来摆好鞋子。

琪琪拿了一根长条形的积木放在地板上，接着又拿了几根一样的积木平铺在地板上。其他三名幼儿也学着琪琪的样子，把柜子里的积木拿出来摆在一起。直到两个柜子里第一层的积木都被孩子们搬空了。

彤彤看到柜子上面有纸质积木，于是她就把积木搬下来一个一个连在一起。乐乐则把几根长条形的积木分两组落在一起，还在旁边斜着搭了一根长条形积木。涵涵看到筐里有圆柱形的积木，她拿了几个把它们叠高。

看到孩子们的作品，我问："你们搭的是什么呀？"彤彤："老师看，大火车，上面拉着很多好吃的。"乐乐："高楼。"在我的追问下，他告诉我旁边那根积木是电梯。涵涵没有说话，继续搭她的作品。

直到收玩具孩子们一直在搭建。

【幼儿水平分析】

区域活动前，幼儿不摆鞋子就跑去玩。在搭积木开始时，他们只是把所有积木拿下来平铺在地板上。分析幼儿出现以上行为的原因有：

1. 幼儿不摆鞋子的现象说明他们的区域游戏常规还没建立起来。

2. 几名幼儿一起学着琪琪把积木铺在地板上，是因为小班幼儿喜欢模仿。同时由于幼儿缺乏搭建的技能，不知道搭什么也不会搭建。

3. 幼儿正处于具体形象思维阶段，他们搭出来的东西像什么就会说是什么。

4. 有两名幼儿用搭高、延长搭建时，教师应该给予一定的支持。（缺乏环境支持）

【措施及策略】

1. 尊重幼儿建构水平的发展阶段，教师不要急于让幼儿搭出成品。小班幼儿在玩建构区时会经历以下阶段：（1）搬移和摆弄：幼儿抱着或拿着几块积木到处走，或在地上随意摆放。（2）横排、顺接和叠高：幼儿在横排和顺接时，体验了两块以上积木并排平铺或两端相互衔接时在空间中的横向线性或面形延伸的状态和位置。（3）桥式：幼儿把一块积木横向搭在两块纵向竖立的积木上时，要估计、调整三块积木间的空间距离，使这一模型稳定。（4）围拢和覆盖：建构围拢的结构时，幼儿要使数块积木以横放、竖立或叠高的方式在空间中围成横向封闭而中空的模型。教师在了解孩子现有水平的基础上促进幼儿发展。

2. 培养幼儿游戏常规。我们在建构区的地板上贴上 4 对小脚印，以便幼儿能把鞋子摆放整齐。在积木柜子里也做了相应的标记，提示幼儿能按标志分类收放积木和各种材料。

3. 创设墙饰为幼儿提供支持。在建构区的墙饰上我们创设了"请你像我这样搭"的墙饰，引导幼儿看图搭建，学习用搭高、围拢、延长等方法来搭建积木。

【反思与调整】

建构区的核心教育价值是帮助幼儿经历操作、建构和设计的过程，发展他们对材料、模型和建筑物之间的空间关系和逻辑关系的理解，支持他们再现和创造性地表达生活经验。

通过观察我发现，班上许多幼儿的搭建水平还处于第一和第二阶段（搬移和摆弄和横排、顺接和叠高）。但是教师不要着急，每个孩子的发展水平有快有慢，我们要创设宽松的环境，给幼儿创设搭建的时间和空间，这样通过一次次的搭建逐步提高幼儿搭建的水平。

根据幼儿搭建技能的缺乏，我创设了"请你像我这样搭"的墙饰，引导幼儿学习用搭高、围拢、延长等方法来搭建积木。同时，我还在地板上布置 4 双小脚印，在柜子里贴上标志，用这些环境来培养幼儿良好的游戏常规。

活动二：横排和顺接

【活动背景】

今天的积木区里还摆着孩子们昨天搭的作品，只见李硕鸣拿了一块圆柱形的积木立在地板上，然后他又搬来一块长条形的积木，一头搭在圆柱形积木上，一头着地，他接着找来长条形积木一块一块地延长搭在一起。

【情景描述】

李硕鸣把几块长条形积木连在一起，然后高兴地叫我："陈老师你看，我搭了一个滑梯。"我向他竖起大拇指，并夸他的滑梯搭得长。我接着问："谁在滑梯上玩呀？"他赶紧从放玩具的筐里拿了毛绒玩具小熊、小猫放在滑梯上，由于毛绒玩具立不住，他就让玩具躺在滑梯上。马宇航看到后也去拿玩具，他捡了几个塑料的玩具放在滑梯上，还高兴地说："小动物滑滑梯。"

接着马宇航把长条形积木摆在圆柱形积木和长方形的积木上，他也兴奋地说："我搭了大桥，下面是马路。"并摆上几根长条形积木。我发现他的桥墩不一样，就说："你的这个桥墩坏了，怎样才能修好呢？"于是他去筐里找了一个同样的积木换上。接着他也把小动物一个个摆在大桥上，直到把桥摆满。

【幼儿水平分析】

这几个小朋友的搭建能力较强，他们经过了前期的搬移和摆弄阶段，现在达到了横排、顺接和桥式的第二、三阶段，但他们还是进行简单的搭建。通过幼儿的表现，我们可以看出：

1. 幼儿能够用积木进行顺接，但在搭建的作品中我们可以看出，孩子搭的滑梯最后面的两块积木没有连在一起，说明幼儿顺接的水平还处于初级阶段。

2. 幼儿在搭桥的过程中，开始用两个不一样的桥墩，后来在老师的引导下才换成了两个一样的桥墩。

3. 小班幼儿喜欢模仿，我们把之前搭的成品留下来，有利于幼儿相互学习和模仿。但有时孩子也会碰倒原来的成品，导致地面上一片狼藉。

【措施及策略】

1. 用照片记录幼儿的成果，激发幼儿搭建的兴趣。幼儿喜欢搭建积木，但他们常常是搭了拆、拆了搭，有时也被其他伙伴碰倒，很多时候老师来不及观察、欣赏和指导。我想到了用照相机拍摄孩子搭积木的作品，写上孩子的姓名，贴到积木区的墙上，供孩子们观看及学习。这样一来，孩子们的兴趣就更高了，不再搭好就拆，为了让老师拍下自己的作品，他们会小心翼翼地保护好自己的作品。这种用照片记录的方法使孩子们体验到成功的快乐，进一步激发了幼儿对建构活动的兴趣，同时也使幼儿有了保存和欣赏自己和他人作品的意识。

2. 提供辅助材料，支持幼儿想象力的发展。有了小动物的投放，幼儿就会给小动物搭家、搭滑梯、搭桥。为了丰富幼儿的游戏内容，我会逐步投放小汽车、飞机、花草树木等辅材，丰富幼儿搭建的内容，促进幼儿想象力的发展。

【反思与调整】

当小班幼儿掌握了初步的搭建方法后，他们会不断地重复搭建相同的作品，如李硕鸣一来到积木区就搭滑梯，马宇航就搭小桥。如何能够促进幼儿更好的发展呢？这就需要老师创设一定的情景，如幼儿用堆高的方法给小动物搭了一个房子，我们就可以这样引导幼儿说："今天刮风了，小动物家没有墙多冷呀！"，这样就可以引导幼儿从堆高发展到围拢水平了。教师可以根据当时的游戏情景提出类似"没有围墙，没有房顶，刮风下雨怎么办？"之类的问题，让孩子们在游戏情景中既解决了问题，也尝试了新的建构方式。

活动三：环境与支持

【活动背景】

孩子们现在非常喜欢积木区，有了环境的支持，许多幼儿能够用围拢、延长、搭高等方法给小动物搭家、搭马路或滑梯等。但在实际的搭建过程中幼儿还会出现许多问题。

【情景描述】

今天有 4 个小朋友选择了玩积木区，他们来到这里，马宇航指着墙上的环境说："我要搭这个房子。"孟语心也赶紧跑过来说："我搭这个高高的楼房，我家就住高楼里。"孟语心选了圆柱形和纸板搭起来，她每搭一层就放一个小动物，可见孩子们已经初步掌握了搭高、盖顶的方法。当她搭到第四层时，把一个红色的小熊放在房间里，可是当她盖顶时，却怎么也盖不上，她换了好几块纸板都不行。我看到她要放弃，赶紧走过去说："小熊的房间为什么盖不上顶呀？"她说："小熊太大了。"我说："那你能把房间盖高一点儿吗？"她找来几个圆柱形的积木搭在已经建好的四个圆柱上，然后她又把房顶盖上，这次成功了，她高兴得手舞足蹈。李硕鸣和高梓�搭了长长的马路，还把小汽车放在上面，马宇航则用围拢的方法给小动物搭了家。

【幼儿水平分析】

幼儿在环境和材料的支持下，现在已经基本掌握了用搭高、围拢、延长的方法给小动物搭家或搭马路等。但幼儿在搭建的过程中也会出现许多问题，通过幼儿的表现我分析主要是以下原因造成的：

1. 小班幼儿搭建水平有限，他们的感知觉也没有完全发展起来，所以他们看不出为什么房顶盖不上。

2. 小班幼儿坚持性差，当遇到问题时，如果没有及时的支持和引导，他们就会放弃活动，选择他们能力范围内的活动。

【措施及策略】

1. 教师要根据幼儿的需要及时介入。要科学合理地开展指导活动，教师就必须把握介入的时机。那我们什么时候进行介入呢？这就需要老师的观察和分析，比如当幼儿遇到困惑或是要放弃当前游戏时，教师就要及时进行介入了。

2. 丰富幼儿的感知经验，提供辅材促进幼儿发展。在为幼儿提供环境支持的同时，教师可以以同伴的身份参与幼儿的搭建活动，幼儿会自然而然地模仿老师，从而丰富幼儿的感知经验。我们也可以带领孩子参观中大班哥哥姐姐搭建的建筑物。同时我们要为幼儿提供丰富的辅材，支持幼儿的搭建。

【反思与调整】

摆弄积木的过程也是幼儿对积木探究的过程，在搭积木的过程中可以促进幼儿数学能力的发展。教师要在观察分析的基础上，根据幼儿的需要给予及时的支持和指导。同时我们可以以游戏伙伴的身份参与搭建。可以边搭边表达，用自己的动作示范给幼儿，让幼儿在不知不觉中模仿老师，从模仿中获得基本的搭建技能。让孩子在搭积木的过程中渐渐体会到与伙伴在一起玩的快乐，他们在一起时，也开始关注到其他小朋友的动作和行为，于是，相互之间受到启发，还会产生初步的交流，获得亲社会情感的发展。

活动四：搭高和围拢

【活动背景】

今天有 3 个小朋友选择了这里。只见田炳文拿了几个圆柱形积木摆在地板上，然后又拿来一个纸板盖在上面，接着，他又找来几个小动物放在里面，他高兴地一层一层地搭着。

【情景描述】

当田炳文的楼房搭到第五层的时候，他还像前几层一样找来四根柱子，放在纸板的四个角上（纸板上画有标记），然后又盖上顶，可当他把小动物放上去后，小动物在上面站不住，他试了几次，小动物都从上面掉下来。这是为什么呢？他挠了挠头，把求助的眼光投向我。

教师："你看一看这几根柱子有什么不一样？"他把纸板拿下来指着柱子说："这个大，这个小。"

教师："你再比一比。"他把四根柱子摆在一起比了比说："这个高，这个矮。"

教师："你看看下面一层的柱子都一样吗？为什么它们不倒呀？"他好像知道了，立刻去筐里找来几个圆柱形积木，比了比，把几个一样高的积木摆在纸板上的圆形标记处，这时再放上小动物就掉不下去了，他高兴地摆着手笑了。

徐汕萌手里摆弄着一个小鳄鱼，没有搭积木的意识。于是我说："哎呀，小鳄鱼还没有家呢，怎么办呀？"她看了看正在给小动物搭家的马晓蒙，也跑过去和她一起搭起来。她们把纸砖一块一块围拢起来，给小动物搭家。

【幼儿水平分析】

在积木区有时幼儿只喜欢摆弄里面的小动物、汽车，而没有要搭积木的意识。幼儿在搭积木的过程中还可以建立相关的数学经验。通过幼儿的表现我分析主要是以下原因造成的：

1. 新投放的玩具，孩子们的新鲜感还没有过去，我们要给他们充分感知的时间。

2. 在感知的基础上，我们可以创设情境，把孩子的注意力引导到搭积木的活动中。

3. 搭积木不仅可以发展幼儿的空间知觉，还可以促进幼儿数学经验的学习，如积木的长短、薄厚、高矮以及对图形的认识都可以在搭积木的过程中渗透。

【措施及策略】

1. 创设情境激发幼儿搭建的欲望。小班幼儿喜欢玩游戏，他们的特点是游戏化的一日生活，因此在积木区我们可以创设一定的情景，激发幼儿搭积木的愿望。如"昨天夜里刮大风了，把小动物的房子都刮倒了""小动物要去游乐场没有火车怎么去呀"等，激发幼儿搭建房子、火车等建筑物的欲望。

2. 在搭积木的过程中帮助幼儿建立相关的数学经验。教师在纸板上画有圆形标记，给幼儿在搭建的过程中提供了支持，孩子们非常高兴地进行搭高活动。在搭积木的过程中也可以帮助幼儿建立相关的数学经验。如引导幼儿点数小房子有几层、积木等不同形状，在搭积木的过程中比较积木的大小、高矮、粗细等，在感知的基础上进行更好的搭建。

【反思与调整】

幼儿积木建构的过程虽然有自己的发展线索，但教师的指导起着重要的支持、帮助和引导的作用。没有教师的引导，有的幼儿只乐于玩一些建构材料，有的幼儿会长期满足于搭建某一作品，有的幼儿遇到不会搭的就放弃，这时就需要教师给幼儿创设一定的情境，或给予适当的支持。教师的适当介入能激发并保持幼儿的建构兴趣，积累建构经验，使幼儿向更高的建构水平发展。同时，在搭建的过程中教师也要注意引导幼儿丰富相关的数学经验。

（作者：陈大翠，本文荣获北京市第七届"京研杯"教育教学研究成果一等奖）

10. 如何有效投放大班益智区的材料？

幼儿园活动区就是让幼儿按自己的兴趣和意愿选择活动内容和方式。大班幼儿已经开始形成抽象逻辑思维，智力发展也很迅速，她们可以通过事物的表象找出事物的本质特征，因此在物质材料的投放上应更丰富、更多样。《指南》中强调要理解幼儿的学习方式和特点，重视幼儿的学习品质，要充分尊重和保护幼儿的好奇心和学习兴趣，在自主探索中主动发展。

一、结合主题活动巧投放

以往幼儿园开展主题活动，停留在老师绞尽脑汁给孩子介绍知识，现在的做法是要让孩子在动手实践中获取知识。有时还可以通过调动家长的积极性来共同参与活动。

过年后，孩子们都带来了家里多余的日历，都主动在日历上寻找自己的生日还有自己了解的节日。

于是我和家长一起商量，把家里的旧挂历、台历、节日的废旧纸盒和幼儿的照片带到班级中，通过观察本班幼儿的兴趣点，在班级里开展主题活动"日历里的秘密多"。孩子们自主地玩日历，通过翻看，孩子们之间互相学习，对数字的认识也在逐步提高，孩子们想制作日历的玩具。我带领家长一起做了拼摆日历的玩具并投放到益智区。孩子们兴趣很高，开始玩的时候会参照自己带的日历来拼摆，后来孩子们自由地合作拼摆，同时探索出了许多日历里的小秘密。为了达到在生活游戏中认识数字这一目的，通过逐渐提供数字的字符，在月饼盒子上标注星期一至星期日等，孩子们通过动手操作拼摆出了自己选择的日历月份。孩子们发现日历中每月 1 日的位置，总结出了其他数字的规律。孩子们还发现了一周有七天等，这是孩子们自主学习、探究的过程。

在家长开放日时看到幼儿对利用身边的材料制作出的玩具的兴趣，家长在教育理念上也有了明显的改变。可见活动材料的探究性引发幼儿动手动脑，教师支持幼儿与活动材料的积极互动，引导幼儿根据自己的兴趣爱好去动手操作和动脑思考。

二、结合兴趣爱好巧投放

区域活动最大的优势莫过于能为兴趣、能力各异的幼儿提供丰富多变、适于其发展的活动环节。哪怕是平时最不善于交流、沉默寡言的幼儿，在区域活动中也可以自信地操作、自主地交往，充分发挥其活动的积极主动性，这也是区域活动深受幼儿喜爱的主要原因。这就要求教师要不断发现幼儿的兴趣点以及本班幼儿的年龄特点，及时根据幼儿兴趣点投放材料。

如大班幼儿有认识数字的能力，测量也是一个需要掌握的知识点。于是我们投放了幼儿带来的各种尺子（直尺、皮尺、卷尺、三角尺等），让孩子们自主探索。孩子们一会儿量量电视，一会儿量量书，一会儿量量花朵，一会儿量量桌子、椅子……就这样在玩中认识了尺子上的刻度。孩子感兴趣的时候会主动来问老师长度是多少，于是和老师一起了解桌子的长度是多少厘米，自己的身高是多少。接着，幼儿和老师一起用相机照下他们感兴趣的事物，如笔、垫板、书本、牙刷等，打印出照片压膜穿成本子，就这样老师和幼儿一起制作了一个益智区的玩具材料。幼儿可以根据自己的喜好来进行自然测量。这些材料也是分层次投放的，如 20 厘米以内的放在筐里，孩子们可以坐在桌前和同伴一起测量并记录；20 厘米以上的，分为横着量和竖着量两个本子，幼儿可以和同伴一起合作测量。孩子们对测量的兴趣越来越浓，测量中态度认真，记录准确，探索性和主动性都得到了很好的发展。

根据幼儿对数字的掌握逐渐熟练，我们又提供了"打电话"的玩具材料。通过把幼儿家的电话号码用数学题的形式展示在大的电话上，幼儿可以清晰地看到同伴家的电话号码，因此有了想要知道伙伴家电话的冲动以及兴趣。这一材料的投放让益智区更加丰富，把原来枯燥的做题转变成在游戏中学会本领。

三、结合游戏目的巧投放

材料一般蕴含着教育的目标和内容。让幼儿在动手动脑中与物体相互作用，不仅能激发幼儿的兴趣和好奇心，而且有助于幼儿获得有益的经验。我们在益智区增加了"把我送回家"的以自身为中心判别左右的玩具材料。玩具中提供双份幼儿的照片，在拼摆区提供题卡。幼儿可参照题卡上面的要求摆出幼儿的位置，然后根据题卡来判别谁在谁的哪个方向。幼儿通过自己的拼摆操作来自主学习，判别中还有校对的过程。

总之，教师在区域活动中应该成为一个有心人，给幼儿充足的自主游戏时间和空间，做一个适时的观察者和引导者。区域材料作为幼儿游戏活动的操作对象，不仅蕴含着教育的意义，传递着教育对幼儿的期待和鼓励，更是幼儿体验、建构和发展的媒介。因此，选择、制作游戏材料应是教师切实关注的环节，教师需要不断思考，对区域材料进行巧投放，挖掘材料使用的最大潜力，为幼儿的自主发展提供最大的支持。选择和投放适宜的区角材料，最大限度地唤醒幼儿的已有经验，激发幼儿积极主动表达和表现的愿望，让材料和幼儿互动，使幼儿的能力不断得以提升。

（作者：张秋媛，本文荣获北京市第五届"智慧教师"教育教学研究成果二等奖）

11. 如何为小班幼儿创设良好的班级环境？

一、积极为幼儿营造一个充满关爱的、宽容尊重的、主动发展的精神环境

陈鹤琴认为："凡是可以给小孩子刺激的，都是他的环境。一切物质是他

的环境，人也是他的环境，而人的环境比物的环境还重要。"一个充满关爱的、宽容尊重的、主动发展的精神环境可使幼儿获得安全感、被尊重感和受接纳感，能潜移默化地塑造幼儿的性格、意志和品质，促进幼儿情感、态度、行为和个性的健康发展，激发幼儿好奇心和创造性，培养幼儿良好的社会情感和社会适应能力。

（一）建立良好的师幼依恋关系，为幼儿营造一个充满关爱、温暖的精神家园

小班幼儿入园初期，情绪会很不稳定，缺乏安全感，这时教师对孩子的态度将直接影响到孩子是否能尽快适应幼儿园生活。然而在幼儿辨别能力还没有成熟时，对待事物都是凭第一感觉，孩子会经常缠着对他好的人，认为这个人特别亲切，并对其产生一定的信任感，因此在教学实践中可以采取"一笑二抱三问"的晨检迎接策略，使孩子们感受到老师的关爱和温暖。

为了使幼儿尽快适应幼儿园生活，消除分离焦虑，可以采用如下方法：

1. 亲一亲，抱一抱。三岁多的幼儿触觉较为敏感，更需要肌肤的亲近，它是大人和低龄孩子一种最直接有效的交流方式。

2. 说一说。准备一些孩子们喜欢的物品，让他们在猜猜、看看、说说中消除焦虑，体验快乐。

3. 看一看。动画片里面的小动物深深吸引着幼儿的注意力，使他们的不良情绪得到较好的转移。

4. 拍一拍。带好照相机给孩子留下喜怒哀乐，让他们看看、比比，知道笑比哭好。

每一位教师都要用真诚的爱心对待幼儿，灿烂的笑容、见面时摸摸头、抱一抱都会给幼儿一种亲切感。坚持从细微处做起，使幼儿真正感受到老师的爱，与幼儿建立起良好的师幼依恋关系。

（二）建立平等的师幼关系

爱是教师的天职，家长把孩子送到幼儿园，教师就要平等地爱每一个孩子。要把每个孩子当成与自己一样具有独立人格的个体，像对待好朋友一样信任和尊重每一个孩子，用爱和理解与幼儿沟通，并与他们建立起平等的师幼关系。

要尊重幼儿在发展水平、能力倾向、原有经验、学习方式等方面的个体差异，因人施教，努力使每一个幼儿都获得满足和成功。要关注幼儿的特殊需要，更加宽容耐心地对待个别有发展障碍的幼儿。如我班的竹竹，由于有些脑瘫，大小肌肉发展都受到了影响，刚来幼儿园时自己不会穿衣、吃饭，由于他的小肌肉无力，正确拿勺都很费劲。看到孩子这种情况，我没有看不起孩子，而是对他倾注了更多的爱和关心。开始一勺一勺喂他吃饭，为了培养幼儿的自理能力，我又手把手地教他用勺，鼓励他自己穿衣服。每当他有了点滴进步，我都会在小朋友面前表扬他，增强他的自信心。

为了建立平等的师幼互动关系，教师对幼儿在尝试中出现的问题要耐心指导，帮助他们克服困难，多给他们尝试探索的机会。同时，对于幼儿出现的过错，教师还要用一颗童心去理解他们的想法和行为。

（三）用鼓励支持的态度为幼儿营造积极自信、主动发展的精神环境

《纲要》明确要求"支持、鼓励幼儿大胆探索和表达"。教师应以正面引导为主，选择适当时机有意识地赞许幼儿，对幼儿流露出老师的挚爱与期待，让幼儿增强自信心和动力。可以说，在幼儿成长的过程中，教师一个支持的眼神、一句鼓励的话语、一个帮助的动作都会对幼儿的成长起到积极的推动作用。如我班的娃娃家，孩子们游戏后把玩具材料都混在一起，入园初期幼儿还整理不好，于是每天下班前教师都要把这些材料整理、分类、复位。有一天我在整理的过程中，洋洋也过来"帮忙"，尽管是添乱，但我还是鼓励他说："洋洋真能干。"后来不断有一些幼儿主动和老师一起收玩具，我也有意地夸夸他们。慢慢的，孩子们整理得越来越好，现在基本不用老师帮忙了。正是在老师的鼓励和支持下，幼儿在主动探索的过程中逐渐学会了比较、分类、整理、复位等，很好地促进了幼儿的自主发展。

二、努力为幼儿创设一个丰富多彩、直观有效、主动学习的物质环境

《纲要》中明确提出了"要为幼儿营造一个丰富的、可感知的物质环境"。创设良好的物质环境可以给幼儿以正面积极的暗示、支持、引导和教育，让幼儿在环境中去体验、去发现、去探索、去收获。

（一）创设一个丰富多彩、目标明确的物质环境

陈鹤琴认为："儿童所接触的环境愈广，所得的知识愈丰富，能力的发展

也愈充分。"教师可以针对小班幼儿的特点，在楼道里创设"我会叠衣服"的步骤图；在厕所创设"小拖鞋摆整齐""我会上厕所"的图示；在盥洗室创设"怎样洗手擦手、怎样喝水、怎样刷牙、怎样有序排队等四种墙饰和地标"；在睡眠室创设"我会穿衣服、穿鞋"的生活技能墙饰；在活动室创设"我的小手真能干"的主题墙饰，创设"正确看书、正确用剪刀"以及"如何摆放餐具、如何擦嘴"等墙饰。这些环境的创设种类十分丰富，目的一目了然，暗示、支持、引导和教育的作用十分明显，孩子们生活在这样的环境里就会主动调节自己的行为，逐渐养成积极向上的行为习惯。

（二）创设一个简单易懂、直接有效的物质环境

我们应尊重小班幼儿的喜好和审美情趣，尽可能地创设简单易懂、直观有效的物质环境。如每天孩子们都要喝许多次水，可小班幼儿不知道什么是半杯水，这样可以创设"喝多少水"的墙饰，教师在饮水桶旁边贴三个水杯，分为水太多、水太少和半杯水，并在每个杯子的上方贴一个小动物，每次孩子们喝水时就会看着墙饰说："小兔喝得太少，小狗喝得太多，小猫喝半杯水正合适。"如果谁接水接多了或少了，教师就会提示幼儿："小猫向你笑了吗?"孩子们就会明白了。

春季天气干燥，家长非常关心孩子们的饮水量，可是小班幼儿贪玩，有时忘了喝水。根据幼儿和家长的需要，我先和幼儿一起讨论：小朋友为什么要喝水？许多幼儿大胆表达自己的观点，如"不喝水嘴唇该干了""不喝水就会发烧"。在孩子们了解了喝水的重要性后，我们创设了"爱喝水的小火车"墙饰。他们非常喜欢自己的小车厢，有的幼儿忘了喝水，看到别人的小车厢上插上了许多吸管，自己也会赶紧去喝水。但是，我发现幼儿喝水的数量和吸管的数量不一致，于是又引导幼儿了解一杯水和一根吸管的一一对应关系。每当家长来接孩子时就会让孩子去数数今天喝了几杯水，使他们了解孩子在园的饮水量，家长对这个环境创设非常满意。

（三）创设一个暗示引导、主动学习的物质环境

环境是可以说话的，经过良好设计的物质环境可以起到积极的暗示作用，可以诱发幼儿的积极行为。如在班级地面上贴上小脚印，每当区域活动后幼儿就会自己搬着小椅子玩"小脚找朋友"的游戏，在环境的暗示下，幼儿不用老师帮忙就能把小脚放在小脚印上主动调整好座位。午睡时，孩子们会把自己的

小鞋脱下后摆在小脚印上，非常整齐，这样老师就可以有时间指导幼儿穿脱衣服等工作。

为了引导幼儿更加有序地取放图书，可以把书架的每层都贴上动物餐厅的标志，于是孩子们就会去相应的书架上取放图书，每层放 8 本，2 本放一起，这样就形成了一列小火车，每个火车有 4 节车厢。取放图书时幼儿只要沿着脚印走就自然地形成了一队，解决了拥挤的问题。

精神环境是幼儿快乐发展的基础和保证，物质环境是幼儿自主发展的促进手段，二者相辅相成，缺一不可。我们既要努力为幼儿创设一个丰富多彩、直观有效、主动学习的物质环境，更要建立平等、依恋的师幼关系，用支持、鼓励和尊重的态度积极为幼儿营造一个充满关爱、宽容尊重、主动发展的精神环境，从而使幼儿在与环境的相互作用中健康快乐地发展。

（作者：杜思辰，本文荣获北京市第五届"智慧教师"教育教学研究成果二等奖）

12. 如何在中班区域活动中发展幼儿的自主性？

每个幼儿都是一个完整、独立的个体，幼儿的自主性对其一生都存在着重要意义，但一些幼儿教师并没有意识到自主性对幼儿发展的重要性，以至于幼儿这种内在的发展动力被扼杀在摇篮之中。在区域活动中，幼儿能在玩耍兼学习的氛围下使自身的自主性得到发展。小班幼儿的自主性刚刚萌芽，中班幼儿的自主性正在快速发展之中。因此，教师应正确理解幼儿的自主性发展，观察中班幼儿在区角中的活动特点，用恰当的指导方式促进和培养中班幼儿的自主性，使幼儿得到更好的、更适合他们的发展。

一、幼儿自主性发展的重要性

幼儿能否有良好的自主性，很大程度上与教师对幼儿自主性发展的态度有关。那么教师应该如何正确地理解"自主性"这一概念，从而有效地发展幼儿的自主性呢？从表面来看，"自主性"无疑是自己做主，不依赖他人，不受他人的干涉，做自己想做的事情。实际上，"自主性"是一个很复杂的概念，自主性是人的品格特征，是人的素质的基本内核。这种素质体现在自身特性与社会特性两个方面。个体自身特性方面包括主体性、主动性、判断力、独创性、自信心等；社会特性方面包括自我控制、自律性、责任感等。在自主性的日渐形成过程中，这些特性都融入到自主性态度和自主性行为之中，从而构成一个人统一的品格特点。培养幼儿的自主性会提高幼儿独立处理问题的能力，促进幼儿的自我管理，充分发展幼儿的创造性以及个性，让幼儿意识到自己在活动中的主体地位，他们也会发自内心快乐地学习、玩耍。发展他们的潜力应源于自身的自主性，而不是流于以成人的经验和认识去塑造，否则会沦为成人的翻版，无法成为发展的主人。

态度决定成败，细节决定人生。教师的教育方式取决于教师对幼儿的态度。因此在幼儿园教学中，教师只有正确认识到幼儿自主性发展对其一生的重要性，并付诸于平日的教学实践，才能使幼儿最初的自主性萌芽得到保持和发展，为幼儿的个性发展以及身心健康成长奠定坚实的基础。

二、在《纲要》《指南》的引领下，培养幼儿在区域活动中自主性发展的表现

《纲要》与《指南》中指出："保证幼儿每天有适当的自主选择和自由活动的时间，促进每个幼儿富有个性的发展。"作为一种开放、自由的活动，区域活动受到了人们的普遍关注，已成为幼儿园开展一系列教育活动的重要途径之一。区域活动代替了以往过于单调的活动环境，趣味性很强，激发幼儿潜在的兴趣，每个幼儿可以根据自己的意愿和喜好去选择活动区，如科学角、交往区、益智区、美工区、观察区和图书区等，也可以选择游戏的方式以及游戏玩伴，有相当大的空间来发展幼儿的个性。从某种意义上说，这体现着区域活动就是幼儿的自主性活动。

（一）中班幼儿的自主学习

中班幼儿在活动的初始进入喜欢的活动区，选择喜欢的游戏材料和同伴，并很快地进入到游戏当中，而在小班存在的犹豫和观望的现象不再出现。在活

动中出现问题时，也会凭借自己积累的知识和经验来独立解决，自主地完成任务和计划，行动的水平得以提高，也逐渐摆脱对教师示范、讲解的依赖。幼儿自主玩耍、自主学习的意识增强，活动的目的性也有所增加。当完成一项操作后，能独立转入另一项操作。

（二）中班幼儿的自主探索

中班幼儿的社会性交往水平开始从以自我为中心向以社会为中心转移，与小班幼儿相比解决问题的能力较强，也有了较明显的自主意识。自主性作为幼儿内在的动机，幼儿自主性萌发时会表现出强烈的愿望，什么事都想尝试去做，这时候如果得到教师的支持，并在"我想""我要"的意识下去探索、去求知，才会充分激发出幼儿内在的动力。以往教师在指导幼儿活动时程式化，游戏形式化，模式也一成不变，导致幼儿兴趣逐渐消失殆尽，甚至在无形中抹杀了幼儿的天赋。而在区域活动中，有了教师开放、恰当的指导，如在建构区，教师和幼儿搜集长方形材料，让幼儿说一下哪些东西是长方形的，并提供辅助物，让幼儿来创造心目中的形象，如此一来，幼儿充分发挥了想象力和创造力。

幼儿是发展的主人，学习的主人。教师应把握幼儿的现有知识水平以及最近发展区，引导幼儿接受外界知识，但这不意味着幼儿是被动的接受者，与幼儿水平相适应的知识才比较容易吸引幼儿的兴趣，幼儿在自主探究中不断理解，并纳入现有的知识水平中。而在以往的甚至仍存在的灌输式、拔苗助长等教育方式中，渗入了过多的包办、注入，忽视了幼儿自主性的发展，更何以谈发挥幼儿自身的潜能和特长呢？另外，经过一些调查发现，开展区域活动的口号虽响，但一些园内的组织实施却未尽如人意，有些幼儿园把活动区当作摆设来应付检查，条件创设的也不充足，并没有脚踏实地地去实施，一些教师在思想上虽然认识到区域活动的重要性及对幼儿发展的独特价值，但行动中并不用心开展，使幼儿被动地参与。

三、中班区域活动中幼儿自主性的培养策略

教师对幼儿的指导是不可或缺的。教师选择活动的目标、教具、教学方法等是教师有效地传递信息、促进主体与客体相互作用，以及发挥主体学习积极性、主动性的重要因素。

（一）选择适当的目标

日常生活中的经验都是幼儿潜在的课程内容。在传统的教学活动中，大都是预设的目标，活动的目的性、计划性太强，教师拿到教材只会按部就班地去体现预定的活动计划或方案，而不关注教学活动本身，使最有活力的教学过程僵硬化，这样毫不考虑不同幼儿的发展水平，幼儿的兴趣就会丧失，导致教学效果很差。而瑞吉欧教育思想中活动目标的弹性生成是对目标预设的补充和修正，它突出了在幼儿的学习和生活中会出现许多意想不到的情况，教师应善于抓住这些信息，以幼儿的兴趣为出发点，考虑到幼儿的个体差异来制订各个活动区的教育目标，幼儿的主动性才会得以发挥。

（二）创设适宜的环境

创设和谐宽松的环境是尊重孩子的表现，也是引导幼儿积极参与的必要条件。《纲要》明确指出："环境是重要的教育资源，应通过环境的创设和利用，有效地促进幼儿的发展。"著名教育家陶行知先生说过："解放儿童的创造力，解放儿童的头脑，解放儿童的空间，解放儿童的双手，解放儿童的时间，解放儿童的嘴。"而在区域活动中恰好做到了这些。区域活动的环境包括物质环境和心理环境。物质环境又包括设置开放的空间和投放区域材料，幼儿生活经验的积累以及宽松的心理氛围则为活动打下心理基础。

1. 开放的空间设置以及区域材料的投放。区域活动中物质环境合理及富有情趣的设置会留给幼儿自主发展的空间。设置的不合理，会导致幼儿在区域活动中互相干扰，甚至影响活动继续进行。

中班幼儿已经有了参加区域活动的经验，也有了一定的规则意识，可是幼儿的有意注意并不成熟，特别是一些大的空间导致幼儿的注意力分散。因此，为幼儿提供的区域空间要精心设计，合理、有序地安排，抓住幼儿的兴趣点。首先，区域的设置要保证光线、温度、色彩、通风等条件的适宜。其次，动、静区域应该分开，减少区域间的干扰，使幼儿尽可能地专注于自己所做的事，也有利于教师进行观察和指导。观察区里的植物需要阳光，所以应安排在阳光充足的地方（如阳台），植物的生长鲜活地体现在幼儿面前，有利于幼儿仔细地观察。益智区、图书角比较安静，科学角、美工区主张幼儿对材料的操作，也较为安静，可以安排在一起。而娃娃家、积木区是幼儿游戏的场所，比较喧闹，应远离安静的区域，设在室外走廊或走廊拐角处。

区域活动的教育功能是通过区域材料的投放来实现的，材料的好坏直接影响着幼儿活动的质量。随着中班幼儿知识经验的丰富和认知能力的提高，丰富、充足而新颖的材料能为每一个幼儿提供多姿多彩的活动和自我表现的机会，有效地激发幼儿自主学习，使他们在轻松、快乐的环境中发现问题、思考问题进而去解决问题。如在美工区的夸张的水果小人贴画，在科学角里盛有肥皂水的高矮不同的量筒等。每个幼儿的认知水平以及发展程度不同，所以教师应按照幼儿的发展规律准备丰富充足、有层次的区域材料，并根据突发状况及时调整材料，选择能引发幼儿多种动作的材料，让幼儿自主活动。例如，在益智区摆放难易程度不同的拼图，能力强的幼儿可以操作板块较多的、复杂的拼图，而能力稍差的可以操作简易的、难度较小的拼图。如果有些材料教师很难收集起来，就可以吩咐幼儿在课外收集，这样也引发了幼儿参与活动的积极性。

2. 知识经验的积累。区域活动的物质环境很重要，但切实地以幼儿为本，还应考虑区域活动的心理环境，也就是幼儿已有的知识和活动中宽松的心理氛围。成功的体验来自经验的获取。幼儿的生活和学习上的知识越充足，经验越丰富，在活动中都能充分地体现自身的技能技巧，并衍生出无穷的创造力。中班幼儿大都处于 4～5 岁，是整个幼儿时期具体形象性思维最为典型的时期，再加上幼儿的无意注意仍占上风，只有亲身接触过的具体事物才能保留在脑海中，并在下一次相关活动中不自觉地迁移经验，教师此时应默默地坐在旁边不予干涉，给幼儿制造足够宽松的心理氛围，让幼儿在好奇心的驱动下，通过自己的认知经验来打开思路，进行新一轮的创造，幼儿的自主性发展就完全体现在这个过程中。

（三）适时的帮助与指导

培养幼儿的自主性并不代表着对幼儿的放纵和不管理，教师的辅助指导也是不可缺少的一环，教师作为教育活动的客体，起着鼓励、帮助、推进的作用。因此，教师在对幼儿观察了解的基础上，以开放的心态，善于发现和培养每个幼儿的闪光点，进行恰当的帮助和指导，让幼儿在快乐中发展自己的兴趣，积极主动地进行活动。

1. 恰当地指导。在给幼儿制造出宽松的区域活动条件下，幼儿在活动中的进步程度需要教师的指引才能得到进一步的提升。如何进行适时适地地指导呢？首先，教师应该走进幼儿的心灵，多观察，以幼儿的角度来看待活动，了解每个幼儿在活动中的行为特点，明确他们的个体差异。对幼儿的行为要采取开放性的心态，不能把成人的想法强加在他们的身上，否则会打消他们的积极性。在幼儿有困难的时候，教师可以给予适当的语言暗示、实物指导，以帮助幼儿继续活动下去。例如，在科学角活动"让蛋宝宝站起来"中，幼儿刚开始可能想不到用什么辅助材料来帮助蛋宝宝站起来，教师可以引导性地提问"你有什么发现？"让幼儿观察鸡蛋的形状，进而提问"什么东西能和鸡蛋两边吻合呢？"通过使用区域里的材料，让小朋友们自己去体验成功后的快乐，然后可以引导幼儿了解蛋宝宝是如何形成或鸡蛋有什么营养，幼儿便可以到图书角来解决这些问题，这样也把区域之间的活动有机地结合在一起。开放性地指导让幼儿发散思维、创新想法、尽情发现，自主地学到知识。

2. 积极地评价。幼儿的成长需要肯定。教师积极地评价幼儿可以带给幼儿自信心，增强积极参加活动的决心。蒙台梭利曾说："如果孩子们成长于鼓励他们自然、顺序地发展的环境中，他们会突破性地进入到学习，他们将变成自我激发者，自我学习者。"教师的一句"小朋友们真棒"，一个暗示的眼神，一个善意的微笑都会带给幼儿很大的肯定，也让幼儿认识到自己，消除了幼儿的自卑心理，体验到成功的快乐。每个幼儿都是与众不同的，他们的脑海中都会碰撞出创新的火花，教师应善于发现并及时地肯定他们的想法，一视同仁地对待他们，特别是一些认知水平稍差的幼儿，教师应给予大量的鼓励，让他们认识到自己不比别人差，从而去尝试他们所不熟悉的区角活动，促进他们全面的发展。

总之，幼儿是发展着的能动的个体，其自主性发展着实重要，只有他们真正自己动手操作，动脑思考，才能切实地在学习和玩耍中积累经验，得到内心的满足。中班幼儿正处于典型的具体形象思维阶段中，区域活动为中班幼儿建立了自主性发展的舞台，幼儿可以在区角中充分发挥自己的优点和长处，激发想象力和创造力。通过幼儿之间经验的分享，也可以使彼此扩大知识面。教师要摆正在活动中幼儿主体的地位，选择适合其身心发展的教育目标，给幼儿足够的空间，开放地引导幼儿去主动体验获得知识以及游戏的快乐，而不是被动地参与其中。幼儿是在自身和外界活动的相互作用中逐渐发展的，我们必须深刻理解中班幼儿的发展特点和成长需求，一切以幼儿自身为出发点，切实可行地在区域活动中培养和促进幼儿的自主性发展。

（作者：张丽娜，本文荣获北京市第七届"京研杯"教育教学研究成果二等奖）

13. 如何利用低结构材料促进幼儿自主发展？

《指南》中倡导"教师应成为幼儿学习活动的支持者，有效帮助和促进幼儿主动学习与发展。"低结构材料的有效运用和区域活动都有着幼儿主动探索、操作获取新知的共通点，所以我们将低结构材料投放到区域活动中，鼓励幼儿主动地去操作它、探索它、创造它，使其有效地推动区域自主学习活动的发展，激发幼儿主动与低结构材料进行互动，有效地促进幼儿主动学习与发展。

何为低结构材料？顾名思义，就是具有安全特性，来源于生活、结构简单、获取方便、可塑性强的材料，能引起幼儿生活经验回忆并满足他们继续探索的兴趣，可实现多种玩法，具有一定操作的生命力，可以长久地提供给孩子操作和想象的空间等与之相关的幼儿活动材料。区域活动，是幼儿一种重要的自主活动形式，它是以快乐和满足为目的，以操作、摆弄为途径的自主性学习活动。它是幼儿主动地寻求解决问题的一种独特方式，其活动动机由内部动机支配而非来自外部的命令，表现为"我想这样做"，而不是"要我这样玩"。由此我们不难发现，低结构材料的有效运用与区域活动都是通过幼儿主动探索、操作来获取新知。

一、在收集低结构材料的过程中促进幼儿自主发展

对生活中低结构材料的收集，既是游戏的准备，也是游戏的前展性活动。尤其是参与游戏材料的发现和选择是幼儿一种重要的学习和游戏活动，它对幼

儿的发展具有重要的意义。

1.幼儿自主收集。在游戏的过程中，随着游戏情节的发展和需要，幼儿会因游戏材料的缺乏而不能将游戏活动深入进行下去。例如在家庭区，幼儿想玩"理发店"的游戏，却没有相应的材料，怎么办？幼儿去其他区域找来剪刀、脸盆、洗发水等材料，但是还缺一些必需材料。于是在讨论的过程中女孩子想到了自己梳辫子用的头花、发卡、夹子等，有些幼儿还想到了吹风机。回家后，他们积极收集自己需要的游戏材料。因此，要让幼儿成为游戏材料的收集者，就要让幼儿知道自己需要的是什么，自己缺少什么样的游戏材料，这样才能提高游戏材料收集的目的性，促进幼儿自主发展。

2.师幼共同收集。教师是幼儿游戏的观察者，教师从幼儿游戏的投入程度、游戏的兴趣等方面可以清楚地意识到游戏材料的状况，教师可以根据幼儿的兴趣和需要与幼儿一起发现、收集低结构材料。例如，我们在组织幼儿外出参观、远足的过程中，教师可以做个有心人，引导幼儿收集诸如树叶、花瓣、小棍、麦梗、稻草等各类自然材料，将其投放区域中，丰富幼儿游戏的活动内容。

心理学家罗杰斯认为，越是幼儿不熟悉、不需要的内容，幼儿学习的依赖性、被动性就会越大，只有当幼儿觉察到学习内容与他自己有关时，才会全身心地投入到有意义的学习中，才会产生新的创造。在收集低结构材料的过程中，我们不能忽视幼儿的存在，应该和幼儿一起讨论、商量该材料的特点与用处，让幼儿对此有更深的了解，为开展游戏活动奠定基础。幼儿在收集这些低结构材料的过程中，丰富了认知经验，促进了分类统计能力的发展。这些材料源于幼儿的生活，能够满足幼儿的需要，让低结构材料成为幼儿喜欢的东西，促进幼儿自主发展。

二、低结构材料给幼儿插上想象的翅膀，促进幼儿自主发展

低结构材料是一种无规定玩法、无具体形象特征的材料。幼儿可以根据自己的兴趣和当时的想法随意组合，还可以一物多用，为幼儿的想象提供了广阔的空间。为了更好地发挥游戏材料的教育作用，我们不规定具体的玩法，允许幼儿跨区使用材料，增加选择的余地。如纱巾，家庭区的幼儿可以给娃娃围上保暖，也可以蒙住眼睛玩捉迷藏，还可以铺在地上当野餐垫。表演区的幼儿拿

着纱巾跳舞，也可以围在头上扮演各种角色。建构区的幼儿把纱巾盖在房顶上变成了蔬菜大棚。幼儿在游戏创作的过程中利用这些低结构材料满足了自己的探索欲望，同时其想象力和创造力也得到了发展。

在区域活动中，低结构材料更受幼儿欢迎，这样的材料在操作时有一定的难度，对幼儿能力和已有经验具有一定的挑战性。他们可以根据自己的需要对所选材料进行塑造、改变，以满足幼儿求新、求奇、求变的心理。我在小班区域中提供了一些材料，如各种不同形状、颜色、大小的瓶子，还有一些不同颜色的豆子。幼儿自由探索这些材料的玩法，如有的根据豆子的颜色给豆子找"家"；有的发现把豆子放进瓶子里会有不同的声音；豆子放进去了，可瓶盖拧不上去等。低结构材料贴近幼儿的生活，容易引起幼儿对生活经验的回忆。他们可以根据自己的理解大胆创作、随意组合。

三、提高低结构材料的层次性，促进幼儿自主发展

说到材料的层次性，我们通常会考虑的是从材料的加工程度来讲，从同一个活动区域提供的原材料、半成品和成品的层次去考虑。而从低结构材料的角度来说，它更是一种从单一的活动层面到放射性活动层面的考虑。低结构材料所体现出来的层次性更多来源于孩子的创造，体现着他们的思维轨迹，而不是教师对材料的精心加工与设计。所以教师要引领幼儿，使幼儿在低结构材料的创造中展现其轨迹式的层次，促进幼儿自主发展。

我们只要走进区域活动，就可以一目了然地了解到孩子们对这些低结构材料探索、发现、获知的轨迹。你可以看到美工区的幼儿正在尝试将一个饼干盒改装成铛铛鼓。图书区的幼儿自发地套着自制的指偶，讲述起有情节的故事。表演区的幼儿进行 CS 野战游戏，他们的秘密情报传输工具长而隐秘，用一些水管连接而成，两端的情报员轻声地互传情报。科学区的孩子们自制的筒状望远镜还挂在他们胸前。这些以筒状低结构材料从这个区域转战到那个区域，逐步踏遍区域活动的每一个角落，这些都离不开老师的有效支持和适时引导。

这些低结构材料来源于幼儿的生活，是幼儿所熟悉的物品，这些材料种类多、结构多样，最适合幼儿使用。《纲要》中指出"要引导幼儿利用身边的物品和材料开展活动"，因此，只有努力挖掘幼儿生活中的这些可利用的低结构

材料，丰富幼儿的游戏情节，激发幼儿参与游戏的积极性，才能有效提高幼儿游戏的质量和水平，促进幼儿自主发展。

（作者：陈大翠，本文荣获北京市第五届"智慧教师"教育教学研究成果二等奖）

14. 如何做好开展区域活动前的准备工作？

《纲要》中指出"幼儿园教育应为幼儿提供自由活动的机会，支持幼儿自主选择、计划的活动，为每个幼儿提供表现自己长处和获得成功的机会，增强其自尊心和自信心。"《指南》也在健康、语言、社会、科学、艺术五大领域中分别阐述了区域活动和各领域之间的关系，这充分说明区域活动已经不单单是一个独立的活动，它随着学前教育的发展和改进，逐渐成为一个综合的、整合的活动，它能够和领域相互渗透，和主题相互关联。由此可见区域活动承载着独特的教育价值，既把课内和课外的行为、情感、技能有机联系起来，将教育者的教育意图渗透其中，又具有自主性、自选性、小组性，是促进幼儿全面发展的教育形式之一。在区域活动中最重要的是准备工作，因为它起着决定性作用，关系着区域活动能否正常开展。它包括区域环境的创设和区域材料的准备，在区域活动中活动和材料是活动成功的关键，只有在环境和材料的相互支持中孩子才会获得经验和知识。

一、创设有效利用的区域环境

区域设置和环境创设要根据教育目标和教育内容的具体要求，以及幼儿的年龄特点、认知水平来规划，环境创设既要考虑幼儿之间相互交流、共同合作，又要注意彼此之间互不干扰，从而使幼儿能专心地投入活动，充满信心地探索问题，这才是创设区域环境应该重视的问题，也是它的价值所在。所以，我班在创设区域时选择最佳空间布置区域活动区。我们把图书区放在采光较好的地方，提供小书架供幼儿整理、摆放图书。自然角放在朝阳的地方，水泡的豆子和标本分类对应摆放整齐，放在较低的位置，方便幼儿观察和管理。建构区相对比较嘈杂，所以设置在宽敞的地方，并给予幼儿展示作品的空间，他们的成功感得到了满足。表演区也需要很大的空间来展示幼儿的才能，所以也设置在宽敞的睡眠室。

二、调动家长资源收集区域活动材料

幼儿刚进入幼儿园时，需要家长配合收集各种材料，家长存在这样或那样的疑虑，为什么幼儿园还要收集瓶瓶罐罐等"废品"呢？所以在每次的交谈中，我们都会宣传这些废旧材料的价值，并以实物展示的方式直观地呈现在家长的面前。当了解到废旧材料的好处后，很多家长主动帮助孩子收集材料，如自然角里的豆子，圣诞老人制作时需要的棉花，娃娃家的一些炊具。现在当我们需要什么材料的时候，家长们都非常配合我们的工作。

三、和五大领域渗透，与主题开展相结合，创设互动性的区域活动

区域活动的创设是主题开展兴趣的切入口，也是教学活动的延伸。所以区域活动的创设一定要根据主题的开展进行及时的填充和更新。创设中要开动脑筋，根据幼儿的兴趣和需要，采取多种形式，真正发挥区角活动的互动性，让各区域都"活"起来。拿建构区来说，结合主题"幼儿园旅行记"和"球球"，提供幼儿园图片和全球著名的球类场馆分别进行搭建，表演区增加球类操，美工区利用各种材料装饰各类球，这样使区域活动在五大领域中相互渗透，并和主题相互关联。

四、投放的材料要具有可操作性

教师在投放材料时除了要考虑材料的安全性、耐用性、艺术性、教育性、趣味性、多样性等，还要注重材料的层次性和开放性。

在区域活动中，材料的投放是一项既重要又复杂的工作。首先，材料要具有探究性。材料的探究性是指材料必须能够引导幼儿动手、动脑。我们之所以提出材料必须有探究性，是因为只有具有探究性的材料才能引发幼儿动手、动脑，支持幼儿的游戏和各种探索活动，才有利于引发、支持幼儿与周围环境的积极互动。更重要的是儿童在动脑思考的基础上动手操作，是儿童是动脑思考

和动手操作交织进行的活动，不能让幼儿开动脑筋思考的动手操作不能看作是探究活动。如我班开展主题"球球"时，如果给幼儿各种实物球，让幼儿找找球相同的外形特征和材质属性的不同，这些都不算是探究活动。如果美工区提供给幼儿各种材料，如皱纹纸、泡沫、绒球、剪刀、胶棒、蜡笔、彩笔等，让幼儿利用这些材料自己装饰立体和平面的球，这就是一种探究活动。

其次，材料的多层次性和多样性。材料的多层次性是指材料的投放必须根据幼儿的兴趣需要和不同发展水平，促进幼儿在原有水平上不同层次的提高。根据孩子的不同发展需要，我们在生活区中投放了多种勺子，锻炼小肌肉的实物（黄豆、绿豆、赤豆、弹珠等），能力弱的孩子可以用手捏黄豆，因为豆类中黄豆相对比较大，表面不是很光滑，容易被捏起。能力中等的孩子可以用勺盛豆子，能力强的孩子可以把赤豆、绿豆混在一起，然后进行分类，赤豆、绿豆比较小，很难盛，对孩子是一种挑战。材料的多样性是指材料围绕教育目标具有可操作性、趣味性、可变性。如在"球球走迷宫"活动时，提供不同大小、材质的球，报纸卷、滚铁环的推杆、乒乓球拍，羽毛球拍等，另外提供木质积木，让幼儿自主选择障碍的设置。

最后在区域活动中及时捕捉幼儿的兴趣、需要，创新适合本班的区域活动，活动中根据幼儿的个别差异因材施教，根据幼儿的发展和需求及时补充和调整活动区的材料，就会看到每位孩子和谐全面的发展。

（作者：任秀玲，本文荣获北京市第七届"京研杯"教育教学研究成果二等奖）

15. 如何创设与指导中班的交往区（以餐厅为例）？

一、创设良好的区域环境

环境创设是区域活动中一个重要环节，它不单单具有美化班级环境这一作用，而且包含了教师为幼儿准备的、满足幼儿发展需要的、有利于幼儿"体、智、德、美、劳"多方面发展的物质及精神环境。《纲要》中指出："环境是重要的教育资源，应通过环境的创设和利用，有效地促进幼儿的发展。"

在幼儿园内，幼儿和教师都会共同参与教室内外的环境布置。幼儿通过在活动时自己亲手制作，教师再将其布置在班级中展示出来，能让幼儿产生自豪感，感觉到自己是班级的一员。而且，环境布置也是幼儿园每一个活动主题的表现手段之一，能让幼儿通过感官体验主题内容，感受主题所要表现的美。

（一）结合园所特色及班级主题活动确定区域内容

结合园所内健康特色及班级主题活动，我们确定好交往区以"餐厅"为主，为了增加幼儿的参与兴趣，和幼儿一起讨论并确定了餐厅的名字——快乐餐厅。然后，与幼儿一起布置了温馨的环境：整体以粉色系为主，四周挂有心形丝帘，墙面用小厨师的画像和油画进行装饰，餐桌上铺着桌布并摆上了花朵，看起来舒适极了，幼儿纷纷夸赞，都想来餐厅玩一玩。而区域内的餐桌、操作台、烤串炉以及储物柜的摆放位置，既要考虑到幼儿之间能相互交流、共同合作，又要注意彼此之间互不干扰，从而使幼儿能专注投入某一活动，充满自信地探索问题。

（二）结合各月特色选择区域小主题

接下来，我们与幼儿一起讨论制订了各月的小主题，分别是"蔬菜水果拼盘""烤串"和"好吃的麻辣烫"，在区域的主体位置布置了墙饰，主要以照片的形式展现，使幼儿更加明确各月主题活动并进行操作，满足幼儿所有的兴趣要求。

交往区的主要目标之一就是让幼儿参与到角色扮演之中，能够进行礼貌地交流，社会交往能力得以提高，并学会遵守规则。所以，我们为幼儿专门设计了一节社会领域的集体教育活动，与幼儿一起讨论各个角色需要做什么，怎么做，怎样有礼貌地进行交流，各个角色需要遵守哪些规则等。通过讨论，幼儿与教师共同制定了"服务员守则"和"我是文明小客人"两个区域规则，并布置在区域一角。结合健康领域的目标，我们与幼儿一起讨论如何吃才更健康，幼儿总结出了要荤素搭配，多吃蔬菜和水果，多吃粗粮等，并与教师一起布置了膳食金字塔。

二、根据幼儿操作情况，及时调整材料投放

游戏材料是影响幼儿游戏兴趣及质量的直接因素之一，教师如何根据幼儿的年龄特点和兴趣恰当地投放角色游戏材料，成为帮助幼儿提高游戏水平，发挥游戏教育作用的关键。单一的材料不能满足幼儿的需要，材料的多样化能让幼儿自主选择，更重要的是让幼儿在操作中获得各种不同的经验；也不要过多制作游戏材料，避免资源浪费，制而不用。

（一）基本材料的投放

基本材料的投放能够保证幼儿角色游戏的顺利进行。我们根据分月主题，运用多种材料制作了烤串、麻辣烫，请家长为幼儿提供了新鲜的蔬菜和水果；为幼儿准备了各种锅具，安全刀、菜单、烤炉、钱币等材料。在九月份餐厅试营业期间，幼儿通过实践，逐步具备了基本的角色意识。通过对幼儿一段时间的观察后，发现幼儿的持久性不强，兴趣也在慢慢丧失。于是我们开始丰富区域材料，并进行不断地改进。

（二）区域材料的丰富与改进

幼儿进入到区域中都抢着当小厨师，带厨师帽。后来我们对材料进行了丰富：增加了一整套厨师的衣服，服务员也有了自己的围裙和头饰，并为客人准备了漂亮的钱袋，这样在付款的时候就不会出现钱都掉在地上的情况了。我们发现客人点完餐后在等待的时间内，通常都是无事可做的，因此很多幼儿都不愿意当客人。后来我们对材料进行了丰富，对原有游戏形式进行了改进：客人在点完餐后，服务员为客人准备各种免费饮料，并为客人推荐各种书籍。增加了这一游戏情节后，客人的兴趣大大提高了。

三、教师指导

《纲要》中指出："教师应成为幼儿学习活动的支持者、合作者、引导者。善于发现幼儿感兴趣的事物、游戏和偶发事件中所蕴含的教育价值，把握时机，积极引导。"

（一）丰富幼儿经验，帮助理解角色

角色游戏的内容来自于现实生活，是社会性的游戏，只有让幼儿有了一定的生活经验，才能产生玩游戏的愿望，所以必须让幼儿了解和认识角色的作用

与行为，初步建立起角色意识，进而在游戏中进入角色。

比如在一次交往区的观察中，我发现小顾客点菜点得不亦乐乎，一会儿点三串鸡腿，一会儿又来五串蘑菇，一会儿又点了许多麻辣烫。他不停地点餐，服务员很耐心地进行记录。厨师在厨房忙得不亦乐乎。一会儿烤串，一会儿又开始煮麻辣烫，还要同时兼顾主食的烹调。在忙碌中，厨师还要不停地喊"菜好了，快上菜。"餐厅里一片忙碌的景象。"餐桌"上很快摆满了各种食物和盘子。我走过去笑着问小顾客："你买这么多东西，什么时候吃呀?"他兴奋地说："我还要买很多很多呢，买得多多的，然后再吃。""餐厅"里的顾客不停地买东西，说明他对餐厅有一定的经验了解，知道先点菜后吃。但是我们的餐厅是烤串和麻辣烫，应该是上菜之后就开始吃，而不能过分的等待。说明他对于班级里的餐厅还缺乏角色意识，同时也反映出服务员对于自己的角色认识不够，当上菜后应提示客人就餐，而不是一味地进行点餐。

在角色游戏中，幼儿的角色意识弱，游戏形式单调、平淡，使角色游戏达不到应有的教育意义和目的。所以在班级的游戏中，教师要根据不同水平的幼儿进行有针对性的指导。可以请家长带幼儿去餐厅了解服务员的基本工作流程，并深入感知自己作为一名客人应有的角色意识；带领幼儿去伙房参观，亲自询问自己感兴趣的问题，帮助幼儿理解角色。在游戏开始之前，通过谈话和讨论帮助幼儿唤起对已有生活经验的回忆，将原有的感性认识上升到理性思维，巩固幼儿角色意识。

(二) 尊重幼儿，让幼儿自由选择

要在幼儿游戏过程中确立幼儿的主体地位，就必须尊重幼儿的意愿，让他们自己选择。幼儿有自己的理解和主张，但在游戏中孩子们需要老师成为他们共同游戏的朋友、伙伴。教师如果在这方面顺应了孩子的需求，整个角色游戏就会变得相当活跃，孩子们会在游戏中大胆地反映出很多内容。久而久之，幼儿的社会交往能力必定会有所提高。

(三) 介入角色，示范引导

4～5 岁幼儿由于受身心发展水平的制约，活动中间争吵、打架、抢玩具的现象时有发生。在遇到困难时，教师就成为了他们求助的首要目标。因此一方面，教师以角色的身份参加到幼儿的活动中去，这样有助于教师及时掌握幼儿在活动中的各种交往动向，有利于教师利用交往区规则和内容引导活动进

程，适时指导幼儿交往；另一方面，当幼儿之间发生冲突或在交往中遇到困难向老师求助时，老师应适当采取冷处理方式，不要急于介入，过多包揽，而是要启发幼儿自己想办法、动脑筋，让他们用公平、合理的办法去解决问题，尽可能地减少对成人的依赖。

总之，在观察幼儿交往区的活动时，教师应该结合《纲要》和《指南》精神，对幼儿的游戏活动进行持续的观察、反思和总结，及时调整环境布置和材料的投放。针对不同幼儿的活动反应及活动后的评价进行有针对性的介入指导，让幼儿通过交谈、讨论学习处理问题的方法，进而提高幼儿的交往能力。

（作者：张文婷，本文荣获北京市第七届"京研杯"教育教学研究成果二等奖）

16. 如何有效指导小班家庭区的活动？

《纲要》中指出："幼儿园应为幼儿提供健康、丰富的生活和活动环境，满足他们多方面发展的需要，同时还强调关注个别差异，促进每个幼儿富有个性的发展。"

一、创设温馨的家庭环境

小班幼儿刚刚步入幼儿园生活，对于幼儿园的环境感到陌生，情绪比较不稳定。根据《指南》中提出"营造温暖、轻松的心理环境，让幼儿形成安全感和信赖感。"教师必须从幼儿年龄等特点出发，结合幼儿需要获得的生活内容和生活经验创设符合他们发展需要的温馨环境，让幼儿置身于生动、形象、会说话的游戏环境中。区域环境的创设要体现教育性、审美性、参与性和趣味性，小班尤其要体现趣味性，形式生动活泼、形象夸张、拟人化。比如在家庭区材料的投放和背景环境的创设中，以形象生动的卡通形象和可爱的小动物作为欣赏墙，以大树的形式展示幼儿的全家福，既温馨又吸引幼儿兴趣。创设餐桌提示幼儿可以制作美食，激发幼儿对家庭区的兴趣。

二、根据幼儿兴趣及需要，及时地进行材料的投放

在区域游戏中，材料的投放是很重要的，既要满足幼儿的兴趣探究，又要保证幼儿在原有基础上有所收获和提高。小班幼儿天真单纯，喜欢带有故事情节的游戏活动，教师要赋予材料"操作性"，让幼儿感到好玩、新奇，愿意投入游戏，从而促进区域游戏开展的有效性。例如我们班的孩子每次活动时，都会在厨房里摆弄各种饭菜，然后一起放在锅里炒一炒，放在一个盘子里。有时还会给这些饭菜起一些好听的名字，看到孩子们对做饭的兴趣，结合《指南》中"幼儿园在布置娃娃家、商店等活动区时，多提供原材料和半成品，让幼儿有更多机会参与制作活动"，我们投放了废旧光盘、纸盒、超轻彩泥这些低结构的材料，孩子们可以利用彩泥在光盘或纸盒上制作披萨、蛋糕这些他们喜欢的食物。

三、在活动中学会观察，适时介入指导

为了让幼儿在活动中可以得到更多的发展，教师的适时介入指导也是很重要的，但不能因为指导而打扰到幼儿的游戏活动。例如指导时我们可以与孩子共同游戏，作为游戏的参与者与幼儿一起活动。一次，我发现熙熙吃完早饭后来到了家庭区，然后看到她翻来翻去找到了一件漂亮的裙子开始装扮自己，接着又从床下翻出一双高跟鞋，全部穿好后，她踩着那双高跟鞋在活动室里走来走去，她家里的衣服满地都是，乱糟糟的一片。根据《指南》中提出"3～4岁应具有基本的生活自理能力，能将玩具和图书放回原处"，我走到她家门口说："咚咚咚，有人吗？"只见她走到我的身边说："老师您要来我家做客吗？""对呀，我可以进去吗？"她拉起我的手走了进去。一进门我看到小娃娃光着身子躺在小床上："呀，那是你的宝宝吗？天气这么冷，你家的宝宝光着躺在床上都哭了。"只见她走到床边拿起小被子给娃娃盖在了身上说："这样他就不冷了。"我又看看地上的衣服说："你是妈妈吗？你家衣服都放在地上、沙发上，我都没有地方坐了，我还是下次再来做客吧。"听到我的话后，她急忙说："我现在就收拾，一会我叫你再来做客啊。"说完我就走了出去，只见她先找了一件小上衣走到了床边给娃娃穿上了上衣，然后把地上的衣服和小卡子都塞到了

地上的小篮子里。跑到我身边说："好了，老师我家干净了。您来做客吧。"她拉起我的手来到了她家，我说："嗯，你家现在整齐多了，你看宝宝穿上衣服也不哭了。你真是一个称职的好妈妈。下次我还来你家做客。"通过教师的介入指导，孩子知道了妈妈的角色任务。

创设温馨轻松的家庭区环境和投放符合幼儿年龄特点的低结构、可操作的材料，不仅能够充分发挥幼儿的积极性、主动性和创造性，并能让幼儿在游戏中得到多方面的发展。教师应作为支持者，孩子在前，教师在后，让幼儿在游戏活动中自己学习探索，在不打扰幼儿活动时适时介入指导，把成功留给孩子。

（作者：冯蕾洁，本文荣获北京市第五届"智慧教师"教育教学研究成果三等奖）

17. 如何有效指导小班建筑区的活动？

区域活动是幼儿按照自己的意愿进行的一种带有学习和工作性质的游戏，对幼儿的发展有重要影响。而建构区是最常见的区域活动之一，也是孩子们非常喜欢的活动之一，它对于幼儿主动性和个性的发展都有着重要的教育价值。由此可见，开展有价值的建构区非常重要。

《纲要》中指出："幼儿园应为幼儿提供健康、丰富的生活和活动环境，满足他们多方面发展的需要，同时还强调关注个别差异，促进每个幼儿富有个性地发展。"小班幼儿年龄小，生活经验少，因此，在区域活动中，他们往往只会模仿他人的活动，缺乏主动性、积极性和创造性，而且幼儿在游戏时不喜欢和他人交往，交际性语言贫乏。如果教师在区域活动中能创设符合小班幼儿特点的环境并正确地指导，那么区域活动就会充满趣味性，有利于培养幼儿对游戏的兴趣；幼儿大胆想象，运用语言进行交往，有利于培养幼儿活泼开朗的性格及良好的思想品德，从而达到开展区域活动的目的。

一、创设有情境的建筑区环境

游戏环境的创设是对幼儿进行自主学习和主体地位获得的一种支持。教师必须从幼儿年龄等特点出发，结合幼儿所需要获得的生活内容和生活经验，创设出符合他们发展所需要的"有准备"的环境，让幼儿置身于生动、形象、会说话的游戏环境中。比如在建筑区材料的投放和背景环境的创设中，以形象生动的拟人动物为背景墙，展示围拢搭建步骤的照片，吸引幼儿兴趣。创设房屋展示墙，将幼儿搭建的物体以照片的形式随时展示出来，激发幼儿搭建兴趣，树立自信心。

二、根据幼儿现有经验及时地调整材料

孩子的能力和兴趣点在不断变化发展，区域活动材料也要根据孩子的发展而变化，满足幼儿需要。在区域游戏中，材料的投放是重要的，材料的选择更是复杂的，既要满足幼儿的兴趣探究，又要保证幼儿在原有基础上有所收获和提高。为了让幼儿能够在区域游戏中主动地发现、积极地探索和自主地表现，在小班活动材料投放时要特别注意情景性和层次性。比如在小班初期可以投放一些自制的房屋，房屋大小可以和幼儿搭建房屋大小差不多，这样幼儿在有限的搭建技能上能够借助现有材料进行搭建，从而激发幼儿的搭建兴趣。然后随着幼儿围拢搭高的技能逐渐提高，可以将房屋变成房顶，幼儿搭建房子主体，然后直接拿房顶盖顶，逐渐发展幼儿的搭建水平和技能。

三、在搭建游戏中与幼儿积极的互动

幼儿处于身心迅速发展的时期，对于一切外界事物都感到好奇，在搭建的过程中，由于幼儿的已有经验少，所以搭建时出现的问题就会特别多，因此教师就要根据这些问题和情况进行选择与对比，根据幼儿实际发展水平和幼儿年龄特点来进行指导，而且教师还要善于观察每一位幼儿及幼儿搭建时出现的问题，及时地抓住教育时机，和幼儿一起学习和探索，让幼儿在探索搭建的过程中学习搭建本领。比如在一次搭建过程中，董为小朋友想搭个地铁站，孩子在用纸砖围拢搭高了两层后，拿了一个小汽车放进去，然后趴在地垫上往里看，看了一小会儿，幼儿起身"啪"地一下将地铁站推倒了，我过去问幼儿为什么

推倒了，孩子说，"这个不通，不对。"然后将推倒的纸砖重新一块块搭起来，在快搭建到最里端的时候，我给幼儿一个提议，将砖横着搭，幼儿试了试，车进去了，并且通过了，而且幼儿也没有再把它推倒，而是转身拿砖继续搭建了。

四、教师言语的赏识能帮助幼儿树立自信心

在幼儿期，孩子们自我意识发展还不是很完善，大部分幼儿的自我意识都来源于成人的评价，幼儿非常关注和期待教师对自己的言语肯定。一句温馨的评价，一个微笑的眼神，一个鼓励的手势，一个关爱的抚摸，在幼儿心中都特别重要，这些会促使幼儿更加愿意搭建，探索搭建。所以幼儿在进行活动区游戏时，教师要注意与幼儿的平等沟通、交流，尊重幼儿的各种表现，以鼓励发现的眼光关注孩子在自主游戏过程中的进步与发展，使幼儿充分感受被同伴接纳、喜爱的快乐，产生归属感和安全感。

创设有准备的建筑区环境和适时地调整搭建的辅助材料，不仅能够充分发挥幼儿的积极性、主动性和创造性，还能让幼儿在游戏中得到全面发展。教师必须要解放思想，大胆尝试，在创设、指导建筑区时让孩子们在短短的半小时里获得最大的发展，及时地与幼儿产生互动，使幼儿在探索搭建过程中体验搭建的快乐，发展搭建技能。

（作者：王雪杰，本文荣获北京市第七届"京研杯"教育教学研究成果三等奖）

18. 如何在"理发店"的角色游戏中发展中班幼儿的交往能力？

《指南》中指出"中班幼儿是社会性交往能力发展的重要阶段"，由于这个时期的幼儿在动作、认知能力等方面的发展，社会交往范围逐渐扩大，孩子们开始愿意与同伴交往，但是很多时候却不知道怎样与同伴交往。因此本文从幼

儿最乐于接受的角色游戏"理发店"入手，引导幼儿通过"理发店"的游戏学习并练习交往，掌握一些有效的交往方法。

一、言语的发展为幼儿的交往提供了前提条件

在角色游戏中，言语表达是和幼儿的生活经验相关的，幼儿会模仿生活中成人的语言表达方式来进行交往。我记得刚刚开理发店这个活动区时，我班部分幼儿对理发店每个角色应该做什么，应该对顾客说什么只有些零散的经验，语言表达好的幼儿能够使用一些礼貌用语接待顾客，而表达能力弱的幼儿却很少说话或是自言自语。因此，我们利用集体活动时间让幼儿学习了理发店每个角色的职责以及交往性的语言，并要求家长利用闲暇时间带着孩子去理发店参观，听一听每个角色都说了什么，做了什么。这样孩子们很快掌握了"您好，欢迎光临，请问您需要什么服务？""请问您需要哪个发型"等用语。通过一段时间的引导，孩子们的交往性语言渐渐多起来，理发店越来越热闹了。

二、生活化的物质活动环境为幼儿的交往创造了物质条件

在开展"理发店"这个活动区时，我们从幼儿的生活经验出发创设贴近幼儿生活的游戏材料与环境，以利于他们通过模仿来认识、了解理发店。我们提供的材料一部分是实用性很强的工具，比如剪子、梳子、卡子、卷发工具等，这样的游戏材料能使幼儿很快理解理发店的游戏主题，并能很快参加进来并承担起相应的角色。另一部分游戏材料是生活中的一些废旧材料或由废旧材料制成的，如废弃的洗发水瓶，由纸箱制作而成的热水器等。这些生活化的游戏材料可以帮助幼儿把现实生活和想象中的角色联系到一起，在游戏过程中就容易顺利进入角色情境。在游戏环境和材料间的相互作用下，幼儿之间产生了交往。

三、适时地指导、启发是发展幼儿交往能力的重要手段

首先，教师要学会观察幼儿的角色游戏。观察是适时介入游戏的前提，"实施教育，观察先行。"只有通过观察，教师才能知道材料能否促进幼儿的交往，幼儿的交往行为是否为良性交往等。"理发店"的头花、发卡很容易吸引

幼儿的注意力，有时幼儿玩着玩着就给自己装扮上了，忘了自己在理发店的职责。这种情况发生之后，我不慌不忙地走到理发店对他们说："听说你们快乐发屋烫的头发特好看，我也想烫一个，可是我还没想好烫什么样的，谁能帮我推荐一下？"这么一说，理发店的人都拿着书凑过来让我看。我选好发型后对他们说："你们一定要耐心地服务顾客才能做出好的发型，那样才会有更多的客人来你们快乐发屋理发。"教师以顾客的身份介入，使那些无所事事的幼儿又重新回到了自己的岗位上，帮助幼儿明确了自己的职责，使幼儿在游戏中的交往更加有序。

四、同伴的影响作用是幼儿交往能力提高的重要因素之一

同伴是吸引幼儿参与到游戏交往中的积极因素之一。而且幼儿的交往模式除了从成人那里模仿学习之外，绝大部分都是从同伴那里学来的。不同幼儿的交往能力肯定是有区别的。在观察中我发现，悦悦的表达能力很强，对"理发店"每个角色的职责也很了解，因此她在游戏中推动了游戏情节的发展。一次，悦悦当理发师，煊煊当洗发师，煊煊给小客人洗头发时一言不发，悦悦看见了对煊煊说："你没问她水温合不合适。"于是煊煊才想起来问了一句。理发师在给客人做造型时，悦悦还提醒理发师发型做完后要让客人照一照，问问他满意不满意。在与同伴共同游戏中，幼儿会逐渐释放自己，产生向同伴学习的动力和愿望，在不断地模仿行为之后，幼儿自身也会习得一些交往经验。

角色游戏对孩子们承担未来社会的真正角色有着深刻的意义。正确、规范的体验能给他们美好的启迪，在他们幼小的心灵里播撒下健康的幼芽，帮助他们在漫长的人生道路上坚实步伐，反之，将会影响孩子的社会交往能力。

孩子的社会交往能力是从哭声中开始的，五岁左右是幼儿交往的关键期，我们若能抓住关键期，往往能达到事半功倍的效果。通过角色游戏，幼儿的交往状况有了明显的提高，他们体会到了与人交往带来的喜悦，加强了与人交往的愿望。在游戏过程中，孩子们往往能互相商量、分工，并在活动中相互协调，以达到融洽的游戏效果。

（作者：王欢，本文荣获北京市第七届"京研杯"教育教学研究成果二等奖）

19. 如何通过环境创设促进幼儿交往能力的发展?

《纲要》指出:"环境是重要的教育资源,应通过环境的创设和利用,有效地促进幼儿的发展。""幼儿园应为幼儿提供健康、丰富的生活和活动环境,满足他们多方面发展的需要,使他们在快乐的童年生活中获得有益于身心发展的经验。"今天的幼儿将是未来世界建设的生力军。他们天生具有好奇心,表现为对周围环境的注视、跟踪、观察、操作、提问等。我国著名的教育家陈鹤琴先生指出:"怎样的环境刺激,得到怎样的印象。"许多相关研究也表明:只有能与幼儿相互作用的环境,才能被称得上是有价值的环境,才能成为促进幼儿和谐发展的环境。环境就像一位默默无闻的老师,静静地发挥着特殊的、潜在的教育作用。

一、以尊重为前提,在宽松、自由的精神环境中促进幼儿交往能力的发展

《纲要》中指出,教师要为幼儿营造平等、和谐、友善的人际氛围,并为他们提供与伙伴及周围环境充分交往、接触的机会。那么,如何为幼儿营造平等、和谐、友善的人际氛围呢?只要简单的"尊重"即可。"尊重"一词是我们平时常常挂在嘴边的,然而如何让这一熟悉的词汇成为实实在在的行动而不是形式化的口号呢?真正实践起来却不是那么容易。尊重幼儿,就要尊重幼儿已有的知识经验和能力水平,尊重幼儿的心理特点,尊重幼儿的错误。通过尊重幼儿的行为促进幼儿交往能力的发展。

1. 尊重幼儿已有的知识经验和能力水平。幼儿来自于不同的家庭,有着不同的个性特点,因此在教育中我们不能要求孩子都达到相同的交往水平。例如我们班的航航是一个性格内向、较为孤僻的小男孩,几乎从没和小朋友、老师主动交往过,不管参加什么活动他都很安静,仿佛周围的热火朝天根本与他无关。在几次观察之后,教师没有生硬地教他那些所谓的交往方法,而是通过

玩一些小游戏，如"找朋友"等主动邀请他参与到活动中来，引导他体验和小朋友一起游戏的乐趣，再鼓励喜欢与小朋友交往的睿睿等小朋友主动和他一起游戏，引导他体验到和小朋友交往的快乐。在不断的鼓励下，航航已经能够主动和小朋友交往了。

2. 尊重幼儿的心理特点。一日生活的各个环节中都存在幼儿的交往行为，在生活活动中的过渡环节也隐藏着很大的交往契机。以往在过渡环节中，我们往往给幼儿安排一些较为安静的个人活动，幼儿间交流很少。而一次餐前活动使我改变了做法。那天在组织餐前活动时，我没有像往常一样组织孩子玩各种游戏，而是让孩子们自由活动，孩子没有到处跑闹，他们有的三个一群，两个一伙地在看图书，有的在玩角落架上的玩具，还有的趴在桌子上聊着什么……看着孩子们自主投入地做着自己喜欢的事，我不由得反思：我们习惯了组织孩子这样那样，似乎没有我们的组织孩子就不知该做什么一样。其实往往是我们过度的组织让孩子失去了交往、交流的自由。从那以后，我经常给孩子更多的选择游戏和自由活动时间，从而增加了幼儿的交往行为，提高了幼儿的交往技能。

3. 尊重幼儿的错误。在一次分散活动前，我反复讲了活动时应注意的问题，特别是安全方面的注意事项，但是随着我的一声令下，孩子们就像一群快乐的小鸟一样欢呼着奔向大型玩具，滑梯口一下子聚集了十几个孩子，他们你推我挤，谁也不让谁，都想第一个爬上去，我急忙赶过去，还没来得及说话，轩轩已经第一个冲到了滑梯口，我刚要喊他下来，让他排好队注意活动秩序，但他却没有爬上去，而是站在了滑梯口处，高举小手大声说："来来来，先买票，再上车。"俨然一副售票员的样子，再看别的孩子，有几个已经在熙熙攘攘中排好了队，我赶快及时表扬了轩轩和及时排好队的小朋友，于是，其他幼儿也主动排好了队，伸出小手认真地准备买票上车。我真没想到那么混乱的局面，孩子们会自己解决得如此井井有条，并且又那么富有想象力和愉快感。平时我们让幼儿遵守规则，总是说"不要，不许，不能"，为幼儿规定了许多禁令，用意只是为了避免事故的发生，但是如果孩子整天生活在成人规定的生活里，他们会快乐吗？试想一下，如果我早一分钟到达滑梯口，孩子们就会在我的引导下排好队或是我强制命令他们排好队，但结果会怎样呢？可想而知，他们不能想象出那么富有情趣的内容，更谈何交往呢？因此尊重幼儿的错误，等待幼儿的成长，更能促进幼儿的交往和提高幼儿解决问题的能力。

二、创设丰富、适宜的物质环境，进一步提高幼儿的交往能力

有了精神环境的支持，更要创造丰富适宜的物质环境来进一步提高幼儿的交往能力。

成长足迹相册：在"我长大了"的主题活动中，我们请家长制作了能够反映孩子成长变化的相册，并放在孩子们能够经常接触到的地方，这样在过渡环节中，孩子们常常翻看自己和别人的相册，孩子们会有意识地向他人介绍自己相册中的内容，或者询问别人相册的内容，从而激发了幼儿的交往意识。

我给朋友打电话：随着幼儿交往意识的增强，孩子们对同伴的关心意识也随之增强了。我们为幼儿创设了"我给朋友打电话"的墙饰。在墙饰中，我们设计了"今天谁没来"的内容，分别为"有事啦""生病啦"，引导幼儿知道好朋友没来的原因；还有"打电话说点啥"分别对应着"有事啦"和"生病啦"，引导幼儿知道针对不同的情况要用不同的语言来进行问候；每天点名活动后孩子们会很自然地想起谁没来，并向老师询问没来的原因，然后主动把他的标记卡片放到相对应的栏目中。在不断的引导下，孩子们不仅懂得了关心小朋友，还提高了幼儿运用语言与同伴交往的能力。

分享角：小班幼儿喜欢带自己喜欢的玩具来幼儿园，为了挖掘其中蕴含着的交往价值，我们在班里开辟了分享角，在分享角的墙饰上贴上孩子和自己所带玩具的照片，并在贴照片的小房子里放置了该幼儿的若干标记，引导幼儿知道玩了谁的玩具就要在他的小房子里贴上自己的标记，表示自己玩过了这个小朋友的玩具，促进了幼儿的交流意识。另外还在墙饰中用图文并茂的形式引导幼儿知道在和小朋友交往的过程中运用一些礼貌用语，如"我可以和你一起玩吗？""可以把你的玩具借我玩吗？"等。

在各种丰富、适宜的墙饰的引导下，孩子们学习了交往的方法，提高了交往的技能，感受了交往的乐趣。要提高幼儿的交往能力，既不是一朝一夕就能完成，也不是光凭说教就可以达到目的的。因此教师要做一个有心人，继续为孩子创设各种适宜的交往环境，并进行悉心指导，只有这样才能更好地提高幼儿的社会交往能力。

（作者：王雪杰，本文荣获北京市第五届"智慧教师"教育教学研究成果二等奖）

20. 如何利用区域活动促进幼儿交往能力的发展?

幼儿期是儿童社会化的关键期，俗话讲"三岁看大，七岁看老"，培养幼儿良好的交往能力，关系到他们一生的社会适应能力。目前，由于城市居住条件相对封闭及独生子女家庭的因素，幼儿之间普遍缺乏交往的机会，孩子常表现为两种类型。一种为"怯懦型"，胆小，不敢和其他小朋友一起玩，碰到不如意的事就掉泪；另一种则是"霸道型"，任性自私，想做的一定要做，想玩的一定要抢到手。因而，教给孩子良好的交往技能，培养交往的能力尤为重要。《纲要》中提出"幼儿教育要为幼儿提供人际间相互交往和共同活动的机会和条件，要通过指导帮助幼儿正确认识自己和他人，养成对他人、社会亲近、合作的态度，学习初步的人际交往技能。"可见，在幼儿教育活动中，培养孩子的交往能力有着重要的作用和价值。

幼儿交往能力的培养应贯穿于一日生活之中，而活动区游戏作为幼儿生活中举足轻重的环节，是培养幼儿交往能力的有效途径。这主要是因为活动区为幼儿提供了与同伴自由交往的场所与氛围，使幼儿在真实的情景中实践与周围人发生关系，逐渐发现和了解自我与他人，体验自己行为的结果及他人对自己的反应，懂得自己作为集体成员需要相互适应，服从共同的行为规则，学习轮流、协商、合作等技能，使自己的行为能更好地被周围人接受。

一、分析《纲要》《指南》目标，将培养内容具体化

具体、明确的目标可以引导教师的指导更加到位。为了更有效地促进幼儿良好交往行为的养成，教师首先应结合《纲要》《指南》中的要求，分析本班幼儿的发展需要，确定培养内容，制定出具体、可操作的培养目标。我们将培养内容、目标分解如下：（1）幼儿在游戏中正确使用常用礼貌用语，如"谢谢""不客气""对不起""没关系""请坐""您好"等；（2）幼儿在交往中正

确使用协商语气及语句，如"……行吗？（好吗？）""可以（能）……吗？"等；（3）幼儿在交往、游戏中待人热情、主动，会使用"请你（您）跟我们一起玩好吗？"等；（4）幼儿在游戏、交往中能谦让、合作，如"你先玩，我后玩""我们一起玩""玩具借给你玩"等；（5）幼儿在交往、游戏中敢于面对矛盾，试着自己解决问题。

二、开展各种区域游戏，促进幼儿交往能力的发展

心理学研究成果表明，3～6 岁幼儿往往以无意注意为主，注意力不稳定，并伴随情感进行。在活动中，只有当幼儿对活动产生兴趣，大脑处于兴奋状态时才会积极参与活动。活动区的活动为幼儿创设了自由、理解、宽松、合作的人际环境，他们可以在同一活动区与同一组小朋友进行交往，也可在不同活动区和不同的小朋友交往，有时是幼儿与教师的交往，交往的方式是自由变化的，幼儿的手、口、脑都得到了解放。

游戏是幼儿最乐于参与的活动，在游戏活动中培养幼儿交往的兴趣与能力是又一条重要途径。幼儿在游戏中以愉快的心情，兴趣盎然地投入"现实生活"，很容易接受老师的启发、诱导。结构游戏、角色游戏等创造性游戏具有群体性，是幼儿对社会生活的一种再现，幼儿通过自己与同伴的共同活动，把最感兴趣的事情反映出来，从中学会共处，学会合作。例如我们在活动室里设立娃娃家、医院、理发店等，幼儿在扮演不同的角色时不但能掌握社会行为规范，逐渐摆脱"自我中心"意识，而且能学习不同角色间的交往方式，"娃娃"与"长辈"的交往、"医生"与"病人"的交往、"营业员"与"顾客"的交往等。另外，幼儿扮演着各种角色，逐步理解角色的义务、职责，不断学习社会经验和行为准则，进而使同情心、责任心得到发展，并逐步养成互相帮助的良好品德。

在区域活动中要充分利用游戏活动帮助幼儿加深体验，进行语言交往的迁移。在教学活动中，幼儿已习得一些语言交往经验，老师在游戏中引导幼儿进行迁移，有助于促进幼儿语言交往能力的发展。如幼儿学会"请你帮帮我，好吗？"等句式可以迁移到游戏中，如"请让一让，行吗？""请和我一起玩，好吗？""请你来娃娃家做客，好吗？"

区域活动中，除了强化幼儿语言的交往能力，我们还引导幼儿共同商量，确定主题，制定游戏规则，鼓励幼儿通过协商分配角色，各游戏成员之间进行

交往，从中掌握一定的社会行为规范，逐步摆脱"自我中心"的意识。孩子们在游戏中体验到了与好朋友一起玩的快乐，逐步学会了合作、谦让、互换、轮流、妥协等协调同伴关系的技能。

三、教师一起参与游戏，在游戏中有目的地指导幼儿

教师在区域游戏中往往都是以旁观者的身份去指导幼儿，如"你们一起完成怎么样?""不能争抢，轮换使用……""你当服务员，他当顾客吧!"这样指导幼儿往往效果不尽如人意。相反，教师也参与到游戏中去，在游戏中发现问题，或者给幼儿制造一些问题效果会好很多。如有一次在美食城里，我也当了一回小客人，一开始，服务员很有礼貌地接待了我，我很快地点了几个菜单上的菜，服务员很有礼貌地说："菜一会儿就好，请您稍等一下好吗?"我便说："好的。"看到服务员那么流利地和客人交流着，我就想到制造一些问题，于是提出要一些菜单上没有的菜，这时服务员只知道说"没有"，当客人执意说就想要吃那些菜时，服务员不知道怎么办了。那么这时教师可以教给幼儿一些更高层次的交往技能，如委婉地推辞："真对不起! 今天我们那些菜卖完了，您明天再来行吗?"……这样既提高了幼儿的交往能力，有益于幼儿接受，也是一种有效的指导方法。

总之，人际交往能力是在与人交往的过程中培养的，孩子正是在与不同的人打交道的过程中，逐渐形成了待人处事应有的态度，获得社交技能，发展社会性行为。我们应尽可能地为幼儿提供健康、丰富的生活和活动环境，满足他们多方面发展的需要，使他们在快乐的童年生活中获得有益于身心发展的经验。

（作者：张丽娜，本文荣获北京市第七届"京研杯"教育教学研究成果二等奖）

21. 小班的游戏材料投放应注意哪些问题?

游戏是幼儿的天性，是幼儿的基本活动，是幼儿经验的反映，它是能让幼

儿获得快乐，满足幼儿需要和愿望的、自发的、不同寻常的一种行为。幼儿通过材料来开展游戏活动，实现自我建构和发展目标。正如皮亚杰所言："幼儿的智慧源于材料。"本文以案例的形式介绍了小班游戏材料投放的注意事项。

一、材料投放要有层次性，满足不同幼儿的发展需要

案例：区域游戏时间，家庭区非常热闹。崔宇晨搂着一个娃娃对医生大声喊："这是我的宝宝，给我的宝宝打一针吧！"医生连想在自顾自地玩着自己的听诊器。崔宇晨喊了好多遍："给我宝宝打针！"一直没有医生理他们。晨晨就去去旁边的篮子找啊找，找到一个体温计模型，他对着娃娃说："我给你量量体温吧。"他把体温计放在娃娃腋窝里，过会抽出来说："发烧了，我给你点药吃吧，还要多喝水，多喝水好得快！"他把娃娃放在床上，拿了个奶瓶在水龙头上接了水给娃娃喝，又拿了一个空瓶子假装喂药给娃娃吃。

分析：小班的年龄特点是自己玩自己的，合作、分享等意识较薄弱。当崔宇晨要求打针时，医生没有理会他，自己玩着自己的医疗玩具。但是不难看出的是，小班个别幼儿的替代能力和情节性有了很大的发展，崔宇晨能将空瓶子当药喂给娃娃吃，还能还原生活经验，如"生病了要吃药和多喝水。"有些幼儿还在独自玩，游戏中不存在情节，有些幼儿已经开始有情节地进行合作游戏，替代能力也有了很大的发展。

措施：针对这种情况，可以从两方面入手，一是把握时机恰当介入；二是调整材料的层次性。在幼儿游戏有困难的时候，以游戏伙伴的身份引导幼儿去回应同伴的需求，帮助幼儿定位自己的角色身份，如医生应该给病人看病，病人来了要接待等；在材料上，我将投入贴近幼儿生活的低结构材料，让幼儿有更多的替代行为出现，提高游戏水平。此外，适当增加高结构材料数量，让游戏材料有层次性，满足不同幼儿的需求，促进幼儿发展。

二、材料数量投放要有合理性，留给幼儿社会性发展的空间

案例：玩沙时间到了，沙池边是两个孩子忙碌的身影，他们不断在建房子、挖水塘、堆小山，还在做蛋糕，俩人玩得不亦乐乎。不一会儿，传来了一些争吵声，"给我玩一下嘛！""不行！""就给我玩一下好不好！""不行，是我先发现的！""不行，借我一下好不好啦！""不好，你昨天玩过了！"原来是李

紫钰想玩齐晟睿手上的大铲子，齐晟睿不肯。李紫钰跑来求助我，我让她想办法自己解决。她继续跟睿睿要。睿睿跑来告状："老师，我也没玩过！她要抢我的！"我也让他想想有什么可以解决的办法。睿睿想了想，走到家庭区，从厨房里拿出一个炒菜的铲子给了李紫钰，并对她说："我给你找了一个铲子，你用这个玩吧！"

分析：李紫钰是一个脾气很倔的幼儿，想要的东西就一定要，与刚开学"直接抢夺"相比，齐晟睿在交往方面已经有了很大的提高，想从别人手中得到想要的东西时，能渐渐开始用商量的语气。齐晟睿是班内年龄最大的幼儿，各方面发展都不错，能用合理的理由拒绝紫钰的请求时，如"我先发现的""你昨天玩过了"等，在无法摆脱紫钰的穷追不舍时，还能帮她找一个类似物品。

措施：因材料的数量不足而引发的抢夺是幼儿游戏中最常见的现象。面对游戏材料数量有限，除了增加数量，我们更应该看到幼儿的发展状况。幼儿因材料发生冲突，是幼儿社会性发展的契机。两位幼儿在"抢铲子""保护自己的铲子"中斗智斗勇，社会性、想象力、创造力得到了很好的发展。以自我为中心是幼儿特定年龄下的表现，我觉得教师应该淡而处之，在保护幼儿安全的情况下让幼儿自己解决。此外，针对小班幼儿的年龄特点，教师应适当增加高结构材料的数量，提供更多的同种类材料，让幼儿顺利进行游戏。

三、材料投放要关注幼儿游戏生成的内容，丰富幼儿游戏情节

案例：美工区里，王小冉看到了新投放的材料"彩色面条"，她拿在手上看了看，又看了看步骤图，拿起一张波浪线，一条一条笔直地撕下来，嘴里还说着："我做薯条嘞！"李梦馨在彩纸前看了看，拿了一张画有直线的彩纸，小心地一条一条沿着线撕下来，说："我的是油条！"李雨泽过来了，拿了一张锯齿线条的彩纸，一片一片地撕下来，说："我最喜欢吃旺仔小馒头！"三个小朋友撕好后，从厨房拿来盘子，将自己的点心放进盘子，梦馨还将点心拿到厨房倒进锅里煮一煮。

分析：幼儿对新材料彩纸充满了兴趣。现阶段的幼儿需要一些活动来满足小肌肉不断发展的需求，撕纸就是一种很好的游戏活动。三个小朋友并没按照我预设的游戏——撕纸做彩色面条，有直直的面条，有弯弯的面条等，而是出

现了薯条、油条、旺仔小馒头等，李梦馨还将食物拿进厨房煮，幼儿在游戏中收获了快乐，手部精细动作也得到了发展。

措施：材料的投放与调整应充分考虑到幼儿在游戏中生成的内容。幼儿在美工区发现新材料，并将材料带入厨房，游戏情节不断丰富。我将撤去"彩色面条"的招牌，改为"彩色的食物"，步骤图可以简化为"拿纸——撕食物——装盘子"。此外，在厨房提供纸质种类多样的材料，如皱纹纸、泡沫纸等，增设好吃好看的食物图片，帮助幼儿就地取材，"研发"各种好吃的食物。

游戏活动是幼儿内在需要的真实体现，我们除了需要深刻认识到游戏的价值，更重要的是在一个良好的游戏环境中为幼儿提供适宜的游戏材料，用材料这把"金钥匙"帮助幼儿开启智慧之锁，让幼儿收获幸福童年。

（作者：任秀玲，本文荣获北京市第八届"京研杯"教育教学研究成果三等奖）

22. 如何创设适宜小班幼儿的互动墙式？

小班幼儿的思维具有具体形象性的特点，喜欢情境性的活动，因此创设温馨、有趣的互动墙饰既能稳定幼儿情绪，又能通过与墙饰的互动培养幼儿的生活、行为习惯，使幼儿在快乐的情绪中成长。在我班的一日生活和主题活动中，互动墙饰起到了很好的作用，效果显著。

一、创设有趣的游戏情境，开展互动性主题活动

主题是幼儿进行交流的载体，是引发幼儿与他人讨论和交往的平台，主题环境创设可以让幼儿在师幼一起创设环境的过程中，在对环境创设的讨论中，和成人以及同伴的真实交往中，逐渐了解同伴间交往的规则，进而逐步适应幼儿园生活。小班幼儿喜欢生动形象、色彩鲜艳的事物，喜欢模仿，喜欢参与情境性强的活动等特点，我班根据这些特点开展了"幼儿园里真 happy"和"宝

贝衣橱"两大主题。

"幼儿园里真 happy"这一主题，通过我和好朋友在一起的游戏情境，运用贴照片的互动方法，幼儿每天都能认识班里的小朋友，熟悉班级环境，很快地渡过入园分离焦虑期。通过入园一个月的了解、观察，发现我班幼儿挑食情况严重，我及时抓住这一教育契机，将 10 月份的主题侧重点放在了进餐这一环节上。通过认识蔬菜、参观幼儿伙房、成人伙房到和爸爸妈妈一起到超市买菜等体验活动，使幼儿了解蔬菜中的营养。在培养进餐习惯的同时，让孩子自主吃菜，在进餐环节中，三位老师运用买饭、买菜等游戏性语言鼓励幼儿吃菜，并将这样的活动用照片的形式展示在主题中，让幼儿在过渡环节可以自由讲述，认识多种蔬菜。在主题进行的同时，运用电教手段向家长宣传营养均衡对幼儿身体的益处，增强家长的意识，家长也为孩子们制作了许多可操作的蔬菜，我们将这些材料投放到益智区和娃娃家，幼儿通过给娃娃做饭、喂饭增强动手操作和交往能力。

在主题"宝贝衣橱"的情境创设中，我班巧妙地运用了孩子们的属相，利用不织布这一材料制作了兔子和老虎两个可操作的动物形象，孩子们喜欢夸张生动的动物形象，小动物身上的图形、扣子、不织布粘贴都是可以操作的，活动区时间、过渡环节都可以充分地互动，使班级主题活动融入幼儿一日生活。在操作过程中，孩子们充分体验了一一对应，一和许多，认识了三角形、正方形、圆形，认识了颜色。

二、通过游戏化的方式开展一日活动

通过游戏化的途径与幼儿合作，充分发挥过渡环节的游戏价值，挖掘一日生活的教育契机，注重保教结合，提高幼儿的自我服务能力，最大限度地发挥班级墙饰与幼儿的互动性。小班幼儿在生活上需要教师更多的照顾，但这并不意味着包办代替，鼓励幼儿做一些力所能及的事情，运用游戏性语言指导幼儿正确的方法，用鼓励赞赏的态度肯定幼儿的进步。

我班在喝水环节运用小鸭子爱喝水这一互动墙饰，鼓励幼儿多喝白开水，通过喝水让小鸭子游得更远吃到小鱼这一游戏情境，孩子们逐渐能够主动饮水。在这一环节，教师运用游戏性的语言指导，如和小熊干杯，和好朋友干杯，要出去玩了，给小汽车加满油等。在培养孩子能够在如厕后有意识地自己整理衣服方面，我们用《运白菜》的儿歌指导孩子自己整理衣服，并将儿歌以形象的图示展示出来，孩子们可以在整理衣服的过程中边看图边整理，这样不仅使生动的儿歌变得活灵活现，增加了趣味性，也为孩子们解决了整理衣服这一难题。

《指南》中指出"做中学"意即动手操作、直接体验、在做的过程中学习。这一学习方式适合幼儿好奇、好动的天性。因此互动性墙饰的教育价值是不容忽视的，将互动墙饰贯穿在小班幼儿的一日生活中尤为重要，教师在创设环境的这一过程中应最大限度地发挥环境的教育价值，满足幼儿获取经验的需要。

（作者：王云飞，本文荣获北京市"十二五"时期幼儿教师培训优秀成果三等奖）

三、教学活动的有效开展

23. 如何有效开展幼儿园的户外体育活动？

　　户外游戏能促进幼儿身体正常的生长发育和机能的协调发展，能够增强幼儿体质，增进幼儿身心发展。户外新鲜的空气，适量的阳光是幼儿强身的要素，户外体育游戏活动具有内容丰富、活动空间开阔、灵活性大等特点，有利于发挥幼儿的主动性和积极性。户外体育活动能增强幼儿体质，提高身体对外界环境变化的适应力和对疾病的抵抗力，有了健康的身体他们才会感知灵敏，才会对周围环境和外界事物产生浓厚的兴趣，并能凭借自己一定的活动技能去积极主动探索周围世界，认识更多事物，从而促进自身能力的发展。

一、根据幼儿不同年龄特点创设良好的活动环境

　　现代的家庭大多居住在高楼里，家长工作又忙，孩子很少有机会接触到外面的世界。幼儿园是孩子生活的小乐园，孩子大部分时间是在这里渡过的。由于幼儿园户外活动形式多样，决定了户外活动的设备、器材、玩具材料必须多样化，才能满足孩子的实际需要，激发孩子的兴趣。

　　在户外活动中为幼儿提供的活动器材要安全、美观、形象，且难易适度，以此激发幼儿活动的兴趣。教师收集大量的废旧材料，尝试用生活中的废旧物作器材，像报纸、易拉罐、果奶瓶、纸盒、布条、松紧带等，创造性地制作了可供幼儿练习走、跑、跳、投掷、平衡等活动的器材，并加以装饰、美化。

　　根据不同年龄孩子的需要，利用废旧物品自制不同功能的活动器械。如小班孩子喜欢色彩鲜艳、简单、可爱的玩具材料。也许一根彩条孩子也玩得很开心。中、大班的孩子好奇心强，喜欢新奇、刺激的材料。可以用各种边角布料制作投掷的沙包，利用报纸制作会飞翔的风筝，利用破损的光碟来制作投掷的飞碟，利用牛奶纸箱制作多种功能的材料。可以在牛奶箱刷上各种颜色后，用来当障碍物让幼儿练习Ｓ形跑、跨跳，还可以将牛奶箱当作"砖"一个一个粘起来当大门、桥洞等。把废旧报纸卷成相等长度的小棍并一个一个地串起来，

串成梯子平摆在地上，引导幼儿来练习单、双脚跳；穿成方形、三角形、梯形等让幼儿玩图形找家的游戏。还可以为幼儿提供至少三种以上不同的难度的器材，供不同发展水平的幼儿选择。如在练习投掷的器材上，在大纸箱上画上大灰狼、大老虎等图案，然后将酸酸乳、乐百氏瓶里装上豆子、沙土当作子弹，把废旧报纸团成纸球当作子弹，并根据幼儿的不同发展水平调整距离，引导幼儿根据自己的能力选择打什么"动物"。幼儿都争先恐后地去打"大灰狼""大老虎"。如练习跳跃的触物架上悬挂了几种不同高度的物体；练习平衡动作的高跷，有高有低、有宽有窄。与此同时鼓励幼儿一物多玩，调动幼儿的兴趣。这样既可培养幼儿的朴素意识，又可以以器材为媒介，引导幼儿去大胆创造、主动探索。

二、科学、合理设计，满足幼儿需求

开展户外体育游戏的目的是促进幼儿身心的发展，幼儿只有玩得开心，才能在玩中学到知识，使掌握的技能得到发展。

在开展户外活动中，一般以体育游戏为主，根据天气情况、幼儿身心发展特点和动静交替原则，有时也在户外穿插进行一些运动量较小的游戏，如角色游戏、智力游戏等。科学的体育活动能提高孩子基本活动能力和运动技能，从而达到锻炼身体、增强体质的目的。如小班幼儿特别喜欢爬，但机械的爬枯燥无味，难以引起幼儿的兴趣，教师都应作为幼儿游戏中的大伙伴，以和幼儿平等的身份参与到幼儿的游戏中去，同时应该让幼儿置身于游戏情境中，在一系列游戏场景变换中练习爬。例如在一次户外活动时，我带幼儿在小花园拣树叶。一些幼儿发现了运粮食的小蚂蚁，蚂蚁爬到哪儿，幼儿们就跟到哪儿。《纲要》中指出："以游戏为基本活动，寓教育于各项活动中。游戏是幼儿进行全面发展教育的重要形式。"于是，我抓住这次教育契机，根据幼儿的兴趣生成了"蚂蚁爬爬爬"的体育活动。幼儿喜欢小蚂蚁，扮演聪明可爱的小蚂蚁会让他们觉得很有趣。过"小桥""寻声爬""巧避大熊"等，整个活动以游戏的方式贯穿始终，孩子们和"妈妈"（教师）一起游戏玩耍。自然轻松而富有亲情的游戏氛围让孩子们感受到集体活动的无穷乐趣。如我和幼儿一起玩"喜洋洋与灰太狼"的游戏时，在活动前特别注意孩子的准备活动，然后要给孩子们戴上小羊头饰。途中用拱门让"小羊"练习钻的动作，用辘轳桥让幼儿练习走平衡，用呼啦圈设置两个路障，让"小羊"练习跳的动作。把孩子分成四组，这样就缩短了孩子等待的时间。我扮喜洋洋，带领"小羊们"一个一个地钻过山洞，"小羊们注意了，我们要过狼窝了"，要求幼儿脚步轻，不出声，悄悄地走过狼窝。大多数幼儿都能按教师的指令去做，只有几名幼儿觉得好奇，高兴地叫了起来，第一次过狼窝失败了。"小羊们"回到家后，我又重新讲清游戏规则并告诉他们："如果过狼窝时发出声音，我们就会把老狼吵醒，老狼就会跑出来，把我们抓住一个一个吃掉。"第二次过狼窝时，"小羊们"都按要求去做了。这次顺利地过了狼窝。"小羊们"高兴地跳了起来，都争抢着交换角色游戏，连平时体弱的孩子也不示弱。活动中，根据孩子发展水平与动静交替的特点，控制和调节活动量。在整个游戏中，孩子对活动形式、过程感兴趣。

三、关注个体差异，做孩子的引导者和游戏伙伴

《纲要》中提到"尊重幼儿身心发展的规律和学习特点，以游戏为基本活动，关注个别差异，促进每个幼儿富有个性的发展。"因此，教师要学会站在孩子的立场上，透过他们的行为去把握孩子内心的想法，理解孩子独特的感受方式。

在整个游戏活动中，教师扮演的角色不仅是引导者而且是富有童心的游戏伙伴。对于胆小、不爱动的孩子或动作相对笨拙的孩子，应该鼓励或带动他们一起活动，对于需要帮助的孩子，可以进行适当的指导。例如孩子在跨跳活动中，我们把小河的宽度设计得有宽有窄，能力强的孩子可以在宽的地方一跃而过，能力差的可以在窄的地方跨过而不会踌躇不前，让每个孩子都能通过小河，增强了他们的自信心。同时，自己也加入了游戏队伍，玩得不亦乐乎。又如，进行"投篮"的活动中，教师有意识在地上安排不同高度、不同距离的小筐，便于孩子根据自己的实际能力进行投掷。通过观察，教师在了解每个孩子实际水平的基础上，有目的、有针对性地进行指导。让水平高低的孩子各有选择，照顾到不同水平的孩子，达到活动的最佳效果。

四、加强安全教育，增强幼儿自我保护意识

幼儿园的孩子年龄小，自我保护意识差，每次活动前的安全教育都是必不可少的。因此在给孩子更多自由的同时，还要特别强调安全教育。在户外活动

中幼儿不可避免地要跑、跳、钻、爬、攀登等，也常会遇到幼儿在活动中突然跌倒或幼儿之间互相拥挤等情况。当幼儿处于危险之中时，也难免缺乏自我保护的能力。

首先，面对户外场地活动范围较广，幼儿四处分散活动时，活动场地一定要控制在教师的视线范围内，教师要四处巡回走动，及时纠正幼儿危险动作；其次，它通过培养孩子的规则意识来提高幼儿的安全意识，教师要向孩子交待活动的规则和有关安全事项，增强自我保护意识；最后，在活动过程中发现问题并及时对个别幼儿进行必要的安全指导和安全教育，确保幼儿的安全。

只有选择符合幼儿需要、内容丰富、能引起他们兴趣和强烈愿望的户外体育游戏才能让幼儿情绪高，才能使游戏的效果好。为了让每个孩子在运动中快乐地成长，有效地促进幼儿的身心发展，教师要做个有心人，充分发挥户外体育活动相对自由、自主、轻松愉快等优势，让孩子在积极主动的活动中得到全面发展。

（作者：项辉，此文在北京市第五届"智慧教师"教育教学研究成果中荣获一等奖）

24. 早期阅读中知识类读本的教学策略有哪些？

幼儿园的早期阅读活动是有目的、有计划地培养幼儿学习书面语言的教育活动。早期阅读活动对幼儿有重大的意义。首先，它能促进幼儿语言的发展。幼儿语言能力不仅仅是口头语言，还包括开展幼儿倾听、表述、欣赏文学作品的能力。早期阅读活动中幼儿不仅要能倾听，还要在倾听的基础上不断欣赏、理解、表达。其次，它能促进幼儿心理健康发展。由于早期阅读的特点与幼儿心理发展特点极其相似，因此早期阅读对促进幼儿心理健康发展有着极其重要的作用。第三，它能促进幼儿智力的发展。幼儿的智力包括概括力、理解力、判断力、想象力等，在早期阅读活动中，可以大大促进幼儿的智力发展。第四，它能促进幼儿情绪、社会性的发展。早期阅读的图书多种多样，具体分为故事类、散文类、诗歌类、知识类等四大部分。知识类读本在幼儿园的教育活动中占有很大的比重，同时也是老师比较难掌握的读本。本文以大班读本《看一看，猜一猜》为例，阐述知识类读本的一些基本的教学策略。

刚刚接触到此书的时候，一幅放大若干倍的花映入眼帘，让人不禁就猜想这到底是什么花。细看封面，发现了奇妙的放大镜，与图书名称紧紧呼应，使人产生往下读的冲动。翻开此书，书中一幅幅真实的照片展示图书内容，让人觉得逼真、形象。最主要的是给孩子呈现了肉眼之外的惊奇世界和自己猜测正确与否的喜悦之情。如何在集体活动中与幼儿一起分享学习这本图书呢，经过思考，我从以下方面进行了集体活动的设计。

一、课前知识经验的丰富

知识类的图书，因为知识比较生僻，所以要在活动前期帮助幼儿积累一些经验，以达到更好的阅读目的。此书主要展示的是放大镜下的世界，所以幼儿有玩过放大镜的经验才能更好地理解图书的主要内容，才能进行多角度的猜想。在阅读活动前期，幼儿自己用放大镜观察一切可以观看的物体，他们互相观察身体部位，观察桌椅门窗，到户外去观察花草树木，蚂蚁虫子等。通过观察，他们发现了放大镜的作用。在户外观察蝴蝶时，他们发现蝴蝶身上的粉末，从而自己去寻找粉末的名称作用；他们发现指纹上的纹路、舌头上的小点点，都会去自己寻找答案。在集体活动前，幼儿已经积累了相当多的知识经验，所以在活动中，幼儿就能够进行逻辑性较严密的猜想，使课堂活动更加活跃，同时他们也能够将自己的知识经验与他人进行分享。教师只是一个引导者，全部的答案都是孩子之间相互讲述学习，真正实现同伴间的学习。知识类读本的教学对教师的要求也比较高，需要教师了解更多的读本以外的知识。所以不只孩子需要前期经验的积累，教师也要准备相应的知识经验，以便在活动中更好地回应幼儿。

二、在教学活动中增加辅助手段，吸引幼儿参与科学类图画书的阅读

知识类读本基本都是说明性的语言方式，同故事类读本诙谐幽默、有情节

讲述的语言不同，不能够迅速吸引幼儿阅读的兴趣，所以就需要教师在教学过程中增加一些能够吸引幼儿注意力，能引发幼儿去学习的方法手段。在《看一看，猜一猜》活动中，教师可以针对这本书的特点设计多种手段帮助幼儿阅读。针对《舌头》，设计猜谜语的活动，如"这个东西长在你的嘴里头……"，通过谜语调动幼儿思考，揭秘时让幼儿获得成功的喜悦。揭秘后，请幼儿吐出舌头，互相观察舌头，这些手段都能够激发幼儿的学习热情。在教学过程中，我们还可以设计视频，先展示与图书一致的局部页面，当幼儿猜想后，教师操作电脑，演示从局部慢慢露出整体的过程，让幼儿直观地发现从局部到整体的演示过程，通过视频的运用，幼儿的注意力非常集中，当露出整体后，幼儿不禁"哇"的一声，猜对的用"哇"表示自己成功的喜悦，没猜对的用"哇"来表示自己的惊讶。有了这些方法手段的运用，幼儿能够在教学活动中保持较高的积极性与专注性。

三、提问准确精炼，引导幼儿在阅读中体现更多的自主性

教师用问题引领幼儿，并用问题唤醒幼儿已有的认知经验。让幼儿主动观察阅读，分享同伴间的经验。

在教学过程中，同样都是看图片猜一猜是什么，教师可以设计多种提问方式，让幼儿不至于听同样的问题感到疲劳，没有新鲜感。如"你看到了什么？""猜猜是什么？""看到这幅图片你有什么感觉？""这一页你猜猜是谁的衣服？""用什么词语来形容你看到的？""还有什么动物的身上有这种可以保护自己的盔甲？""为什么蝴蝶有这么漂亮的图案呢？"用不同的语言表达出同样的意思，给了幼儿不同的启发，也避免让幼儿产生听觉疲劳。

四、可以减少部分内容，以便突出本次活动的主题

知识类的图书，因为每页之间没有必然的联系，所以在一次教学活动中，可以跳着阅读，或者阅读一部分，以便找出最适合幼儿掌握、有趣的内容。这就需要教师在组织活动前充分阅读图书，找出图书中幼儿感兴趣的、具有教育意义的内容。同时还需要教师充分了解幼儿的已有经验，以便在阅读中将幼儿的经验与书本中的知识进行对接，达到较好的学习效果。

科学知识类的图画书利用图画向我们传递了较多的知识，明确了一些专有

词汇。执教前，教师通过对知识类读本的分析，找出重难点，确定切实可行的教学策略，让幼儿围绕主题进行系统的知识学习，促进幼儿思维的发展。

（作者：张竹鑫，本文荣获北京市第四届"智慧教师"教育教学研究成果二等奖）

25. 从图画书切入开展主题活动的意义？

幼儿园主题活动是一种新型的课程结构模式，它是指幼儿围绕着一个主题，进行自主观察、探索周围现象和事物，教师适时、适度地予以支持和引导的一系列活动。在主题活动中，孩子们获得了自身的发展，积累了许多有意义的经验。在开展主题活动的过程中，我们将活动权还给幼儿，教师给予相应的帮助和提升，引发幼儿进一步开展有效的主题活动。那么，如何选择主题内容，怎样自然切入主题一直是困扰老师们的主要问题。《纲要》明确指出："幼儿园教育主题内容的选择要既适合幼儿的现有水平，又有一定的挑战性；既符合幼儿的现实需要，又有利于其长远的发展；既贴近幼儿的生活来选择幼儿感兴趣的事物和问题，又有助于拓展幼儿的经验和视野。"所以幼儿园主题内容的选择即要符合幼儿的年龄特点，又要从幼儿的兴趣出发。本文以选择适宜图画书为切入点开展主题活动来说明如何有效开展主题活动。

一、选择适宜的图画书切入，为主题开展提供支撑

在以往确立主题时，我们会依据《纲要》理念，结合本班幼儿的年龄特点、兴趣需要以及存在问题等选择一些教师认为很有教育价值的内容作为主题内容。但主题开展一段时间教师就会发现因为缺乏相关的教材、资料做支撑，主题拓展受限，因此主题开展很难深入。通过图画书阅读，我们觉得选择适宜的图画书作为主题的切入点，一方面让幼儿可以顺畅、自然地接受，另一方面还可以挖掘图画书中隐含的多重教育资源，为主题的深入拓展提供支撑。

本学期我班根据小班幼儿喜欢吃、喜欢玩的特点，以游戏形式和幼儿一起

选择阅读绘本《好饿的小蛇》，孩子们一下子被好饿、滑稽的小蛇形象所吸引，于是根据绘本情节，同时结合我班很多幼儿不喜欢吃水果的问题，我们设计了"快乐的水果娃娃"主题活动。主题内容始终围绕着《好饿的小蛇》，从形状、颜色、味道、果核、营养等方面让幼儿全方位地认识各种水果，同时，教育、鼓励幼儿喜欢吃各种水果。在认识水果的过程中，教师在娃娃家、自然角投放各种水果，引导、鼓励幼儿通过观察、触摸自主发现水果的特征。通过和幼儿一起制作水果串、水果沙拉，让幼儿了解了水果的营养，从而喜欢吃各种水果。幼儿在活动中参与的积极性非常高，主题开展非常顺畅。

二、选择适宜的图画书切入，激发幼儿参与环境创设的兴趣

开学初，根据绘本《好饿的小蛇》，我们在班级中创设了《好饿的小蛇》的背景墙，有树林、苹果树、沙丘等，孩子们看到后说："这和我们看的《好饿的小蛇》书一样，可是怎么没有小蛇呀？小蛇去哪儿了？"听到孩子们的议论，我及时出示事先准备好的小蛇纸样说："小蛇在这呢，你们看老师的小蛇和书中的小蛇一样吗？""一样。"孩子们说。这时，多多好像发现了什么："我觉得有点不一样。""哪儿不一样？"我及时追问。"没有颜色，不漂亮。"多多说。经过多多这么一说，孩子们也都发现了问题。于是教师很自然地引导："你们想不想帮小蛇变漂亮呢？""愿意。"孩子们异口同声地说。接下来，孩子们自主装饰小蛇，有的用撕纸粘贴、有的用涂色、有的用印章的方法，很快孩子们制作出了自己喜欢的、漂亮的小蛇，当教师把小蛇贴到背景墙中时，孩子们总站在背景墙前给同伴、老师、家长讲："这条苹果蛇是我做的，我是用油画棒帮它变漂亮的……"当得到肯定和夸奖时，孩子们自豪、开心极了。

接下来根据绘本内容，我们和幼儿一起涂色、粘贴水果拼盘、用手指点葡萄、用橡皮泥捏菠萝、粘贴水果娃娃、撕纸大树，并将这些作品装饰在我班活动室里，孩子们每天置身于《好饿的小蛇》环境中，每天欣赏着自己的作品，参与创设环境的积极性达到了高潮。

三、选择适宜的图画书内容，进一步丰富区域材料

要想深入开展主题活动，丰富的区域材料必不可少。本学期我班根据图画

书内容，在自然角投放各种水果引导幼儿随时观察，在美劳区投放了各种小蛇的纸样，请幼儿随时选用自己喜欢的方式进行装饰，同时，投放了各种水果印章、图样供幼儿自主选择，在益智区我们为幼儿制作了水果拼图、水果接龙，在操作区投放水果串、水果摸箱，在图书区投放各种水果图片及有关的水果图书。孩子们通过看书认识了各种不常见的水果，丰富了认知，通过粘贴、撕纸、涂色、捏泥等活动提高了动手操作能力及审美能力，通过玩水果拼图、水果接龙发展了观察能力。总之，丰富的区域材料支持了主题的开展，促进了幼儿各种能力的提高。

四、选择适宜的图画书切入，有利于拓展主题内容

小班幼儿的生活经验、知识经验及表达表现能力等都很有限，而主题活动又是将活动权全部还给孩子，由他们自主选择和决定活动的方式方法，根据自己的意愿表达分享，因此，确定活动的主题至关重要。只有幼儿喜欢的、感兴趣的事物才能激发他们的探索。以图画书为切入点开展主题活动，主题内容丰富，一环紧扣一环，没有了以往的开展不下去的现象。同时，根据小蛇喜欢吃水果的内容，从水果入手，引导幼儿认识各种水果的颜色、形状、味道、果核、营养等，进一步拓展到健康领域，教育幼儿爱吃水果、细嚼慢咽，拓展到科学领域，引导幼儿手口一致地点数，还拓展到音乐领域、美术领域，组织幼儿学习有关水果的歌曲、舞蹈等，还在表演区鼓励幼儿表演好饿的小蛇，同时鼓励幼儿运用涂色、手指点画、撕纸、橡皮泥、拓印等多种方式表现各种水果。水果的内容完成后，我们根据小蛇喜欢吃蔬菜又很自然地把主题拓展到蔬菜的内容上，活动内容可以源源不断，激发幼儿进一步学习的愿望，促进幼儿的全面发展。

总之，通过图画书切入主题，可以丰富主题内容，有效地支撑主题开展，幼儿在主题活动中自愿参与、主动观察、自由想象、积极创作和大胆表现，幼儿"学"的主体地位处于显性状态，教师"教"的主体地位处于隐性状态，从而极大地发挥了幼儿学习的主动性和创造性。

（作者：耿立立，本文荣获北京市第四届"智慧教师"教育教学研究成果二等奖）

26.图画书阅读中的提问策略有哪些?

图画书阅读是幼儿园中重要的早期阅读活动形式,教师与幼儿围绕一本图画书进行的阅读理解活动,也是教师与幼儿交流情感、经验的时光。一个孩子从图画书中体会到多少快乐,将决定他一生是否喜欢读书。儿童时代的感受也将影响他长大成人以后的想象力。在阅读活动中,教师最常用的教学手段是提问,通过提问实现与幼儿的双向交流。提问作为一种重要的教学手段,正确认识提问的目的,综合进行多种类型的提问,掌握一定的有效提问策略,能更好地促进活动的开展,为幼儿发展提供良好的支撑点。

歌德说过:"想要得到聪明的回答,就要提出聪明的问题。"在图画书阅读活动中掌握有效提问的教师往往能充分调动课堂的氛围,达到真正融洽、积极的交流,幼儿也往往能够投入到书本的故事中,并在书本和现实间建立联系,而教师无效的提问则会导致幼儿注意力转移,影响幼儿的阅读理解水平。因此,教师提问作为一种重要的教学手段,正确认识提问的目的,综合进行多种类型的提问,掌握一定的有效提问策略,能更好地促进活动的开展,为幼儿发展提供良好的支撑点。

一、提问的目的

要做到有效提问,首先应明确提问的目的,在图画书阅读活动中,提问的目的主要有三个。

(一)调动课堂氛围,促进幼儿参与

对于3~6岁幼儿来说,对活动的参与度与兴趣直接相关,除了书本本身具有的吸引力外,教师的教学方式是否符合幼儿的兴趣也决定了幼儿的参与度。通过提问让幼儿自然地进入到故事中,集中注意力,同时,提问也给了幼儿明确的任务,为了回答问题,获得肯定,就必须进行阅读。

(二)检查幼儿理解水平的手段

通过提问,考察幼儿的理解水平,着眼于幼儿的最近发展情况,真正达到

教学促进发展的目的。

（三）梳理阅读思路，理解故事内容

对于还没有成为成功阅读者的幼儿来说，首要任务是学会阅读，掌握一些基本的阅读技巧和方法，提问就是教师展示阅读策略的手段，通过教师提问，可以向幼儿展示出思维过程，让幼儿学习如何进行反思、假设、推理、预期。

二、提问的角度

图画书阅读活动中，理解书本内容是首要目标，提问应紧紧围绕图画书的内容进行。教师对于提问的预先设计非常重要，预先设计的提问能关注到图书中的主要情节，并让师幼讨论一直围绕主线进行，而无关细节的过多讨论会影响到主线的把握，从而影响对于书本整体意义的理解。尤其是对于阅读水平较低的儿童，教师应着重通过提问引导他们对书本主要内容进行把握。

例如在《下雨的味道》中，教师问："你知道下雨是什么味道吗？"幼儿不会回答，教师就觉得问题对幼儿来说可能太难，就直接跳过。有经验的教师在看到幼儿的反应时会适时调整，使问题更简单、具体："你吃过苹果吗，是什么味道的？""你看到过下雨吗？是什么样子的？""你有淋过雨吗？感觉怎么样？"

同时，教师提问的内容还可以针对幼儿的思考过程，即问问幼儿："你是怎么想的？你是怎么发现的？"教师通过这样的提问可以帮助幼儿反思自己的回答和思维过程，也有助于幼儿掌握一定的阅读策略。

三、提问中语言的合理恰当

在阅读活动中，合理恰当的提问可以使幼儿张开想象的翅膀，展开思维，积极主动地思考。不恰当的提问往往会引发幼儿不恰当的联想，甚至导致阅读活动失败。教师提问方法的不同常常会导致不同的阅读效果。

比如在集体阅读《我有友情要出租》这本书后，教师提出："小动物为什么都不和大猩猩做朋友呢？"一个小朋友说："因为大猩猩脏。"其他小朋友也都说："它身上有虫子，对，还有虱子。""小朋友讨厌又黑又脏的大猩猩。"弄得我当时很尴尬，不知道如何是好。因为我用"为什么都不和大猩猩做朋友"等问题来提问，把孩子们的思维方向带到了误区，使得和图画书的寓意有偏

差。其实书中所描绘的大猩猩是很孤独的,不会主动与其他动物交往,所以没有朋友。我在调整提问后问幼儿:"你看大猩猩孤独地坐在那里,有什么感觉?""你想对大猩猩说什么?"没想到此时,孩子们纷纷表示:"大猩猩真可怜!我是你的好朋友!"有一个女孩子大声地喊着:"大猩猩,你边上一直都有好朋友,你快点和她玩吧。"第二次提问后,孩子能从情感上理解大猩猩甚至帮助大猩猩想出摆脱孤独的方法,这无疑是教师站在了理解图画书主人公情感的角度,恰当地提出了问题,指引着孩子们朝着同情大猩猩、一心要帮助大猩猩的方向大胆想办法。

四、不同阶段的有效提问

(一)仔细观看图片后进行提问

幼儿期的孩子处在从具体形象思维到抽象思维转变的时期,他们的思维非常活跃。而图画书作为文学和视觉艺术的完美结合,其展现的艺术和智慧能极大地激发读者想象的火花,其独特的叙述方式既为幼儿的想象力提供了丰富的素材和美丽的平台,又对幼儿的想象力提出了挑战。而正是在应对挑战的过程中,幼儿的想象力得到飞速的发展。

例如在小班绘本教学《好饿的小蛇》中,教师在让幼儿观察第二天小蛇看到香蕉的那张图片时问:"小蛇这时找到什么了?"(香蕉)"什么颜色的?"(黄色)"什么形状的?"(弯弯的)"谁能把黄和弯连起来说完整?"(黄黄弯弯的香蕉)这些提问,由易到难,从物品名称到颜色、形状再到连起来完整回答,慢慢递进,有一定的系统性。接下来的提问又具有一定的发散性。"你觉得还有什么东西也是弯弯的呀?"(月牙,小嘴笑的时候,眉毛)把孩子的思维扩散到平常所见的事物中。

(二)故事讲述中突然停顿,进行提问

我们可以在孩子心中制造一点点疑虑,对孩子来说,他们很想知道自己的预测和故事中实际发生的事件是否一致,这种带有不确定性的轻度紧张感可以促使他们更加投入地学习阅读。

如故事《池塘音乐会》,在朗诵到描绘风娃娃、小青蛙、小蟋蟀们时,我停下来分别在其中插入三个大问题:A. 风娃娃是怎样唱歌的?风娃娃唱着一首什么样的歌曲?柳枝是怎样为风娃娃伴舞的?B. 小青蛙是怎样唱歌的?唱

了一首怎样的歌？池塘水又是怎样为小青蛙伴舞的？C. 小蟋蟀是怎样唱歌的？唱了一首怎样的歌？小鱼们又是怎样为小蟋蟀伴舞的？幼儿的回答是零星的语句组合，然后我再用故事中优美的语句重复朗诵一遍，让幼儿在层层深入的欣赏中加深印象，享受优美画面，感受到故事中语言和文字所表现的韵味。这远比欣赏完全文再来一个全面提问要清晰，也便于幼儿回忆对比。这样就给孩子思考与想象的空间，并且让孩子感受到故事之间的联系，逻辑思维能力得到了一定的发展。

（三）故事讲述后进行提问

在阅读时我们应该抓住故事可持续发展的教学延伸点，引导孩子根据自己的知识或生活经验大胆地展开想象，促进思维能力和语言表达能力的发展。

例如在图画书《你真好》的课堂教学中，图画书的结尾是薄片龙微笑着死去，而我们把画面定格在夜晚平静的大海，霸王龙的吼声传得很远很远（最后的画面）。故事讲完了小朋友们都纷纷激动地问"薄片龙死了吗？""薄片龙是不是只是受伤了？""霸王龙是不是带薄片龙去找医生了？"随着霸王龙的身影远去，孩子们有了联想的空间，就会有很多的故事结尾，不拘泥于一种结果。

五、有效的提问策略

（一）开放式提问

根据问题所引发的思考广度，可分为开放式提问和封闭式提问。封闭式提问通常引发的是特定的思考方向，只有一个标准答案或是正确答案。而开放式提问给了思考更广阔的空间，因此，回答也可以多种多样，不局限于一个字或是一个短语，给幼儿更大的表述自由。在图画书阅读中，教师应更多进行开放式提问，激发幼儿思考，接纳幼儿的多样性回答。

例如在一次《猫太噼哩噗噜在海里》的图画书阅读中，孩子们凭借着具体形象思维将图片中的故事情节完整地描述出来，这在以往的教学过程中，我们认为孩子能够准确完整地讲述故事，这个活动就已经成功了。但通过对《指南》的学习，我们知道孩子们的想法是多种多样的，应该为孩子创设机会，通过自己的思维推理表达出自己的见解，作为引导者的教师，可提出适当的有利于他们反思的问题，从而促进孩子逻辑思维、抽象思维的发展。于是我们又向孩子提出了一个新问题："如果你是猫太，你会怎么做呀？"有的说："猫太会重新回到海里，找到鱿鱼，和它一起生活。"有的说："猫太继续去旅游，来到了森林里找到了许多的好朋友。"还有的说："猫太把在鱼肚子里的事告诉了别人，让它们以后小心点"。教师要善于抓住幼儿感兴趣的"点"，引导幼儿进入情境，设身处地地展开联想，创新活动内容。

（二）灵活式提问

教师的教学手段往往经过精心设计，提问也更多围绕阅读理解进行。预先设计好的提问可以帮助教师对幼儿进行有目的地引导，但同时，预先设定好的框架也会阻碍幼儿的思维广度。当幼儿的关注点与教师的预先设计冲突时，教师常会感到不适应，或是生拉硬拽，或是随他去。如果教师能更灵活地进行提问，在预先设计和生成问题之间取得平衡，让提问既围绕教学目标进行，又能适当兼顾幼儿的兴趣和关注点，在幼儿的现有水平和更高水平之间搭建桥梁，将会更好地促进幼儿发展。

（三）追问式提问

在阅读活动中当一个重要话题出现时，教师为了促使幼儿不断深入思考问题，可以进行追问，比如，幼儿刚才回答得很好，可以追加一句"你是怎么看出来的？你为什么会这么想？除此之外你还想到什么？"

六、我们的收获

孩子有一百种语言，一百种想法，一百种思考、游戏、说话的方式，就有一百种倾听、想象、表达的方式……经过一段时间的集体阅读活动，现在孩子们对图画书阅读活动产生了浓厚的兴趣，每当有时间他们就会自发地走进图书角开始阅读喜欢的图画书，聚集在一起共同看书。他们对自己喜欢的图画书一翻再翻，也正是在反复地阅读中每次都有新的发现，新的收获。在图画书的阅读活动中，孩子们的思维更加活跃了。我们进行的合理提问刚好符合了孩子的学习特点。一题多问是培养孩子思维流畅的一种形式，这样可以让孩子的思维更为流畅。

（作者：耿立立，本文荣获北京市第七届"京研杯"教育教学研究成果二等奖）

27. 如何进行诗歌类读本的教学活动设计？

诗歌类读本是幼儿在早期阅读活动中比较喜欢的一种类型。诗歌类读本具有内容浅显、主题单一，结构简单、易唱易记、节奏鲜明、音韵和谐、题材丰富、形式多样的特点，深受幼儿喜欢。诗歌对幼儿语言领域的发展具有较高的价值，幼儿在阅读与学习过程中，能够通过词语的巧妙搭配，感受诙谐、幽默、优美等的效果，通过了解多样的语句形式，如连锁调、一字歌等理解诗歌的画面和内容，通过阅读诗歌的插图，感知诗歌画面的多元信息，在唱唱念念中体验诗歌朗诵、吟诵的快乐。所以说，诗歌对幼儿的教育价值是极其重要的。如何设计诗歌的教学活动，利用有效的教学策略发挥诗歌的教育价值，让幼儿在主动的学习过程中获得有益于自己的知识经验呢？本文以中班儿歌《问》为例讲述中班诗歌类活动的教学活动设计。

一、明确诗歌类型，深入进行读本分析

儿童诗歌是专门为儿童创作的，为儿童所喜爱、便于儿童吟唱的诗歌体的文学作品，包括儿歌、儿童诗。儿歌又有数数歌、游戏歌、绕口令、时序歌、猜谜调、连锁歌等多种形式。在设计教学活动的时候，一定要明确诗歌的类型，是儿歌还是儿童诗，是儿歌中的什么形式，只有明确了基本的类型才能够根据诗歌类型进行充分地读本分析，才能进行相应的教学设计。

《问》是一首问答的游戏性儿歌。内容单纯直白，幼儿在充满游戏性的语言中感受儿歌的快乐。儿歌的语言最明显的特征是双句问答，如"什么尖尖尖上天？什么尖尖在水边？"通过双句问答帮助幼儿了解生活中的事物。儿歌中的核心词汇突出，贯穿整篇儿歌，如尖尖、圆圆、方方、宝塔、菱角、太阳、荷叶、风筝、渔网等，便于幼儿以后进行仿编。儿歌押韵使儿歌朗朗上口，增加念唱的趣味。同时利用比喻、夸张的修辞手法启发幼儿的想象。在画面上，利用水彩画的形式描绘了不同的景物，展示儿歌的主要内容，洋溢着诗情

画意。

通过从儿歌主旨、语言特色、绘画风格等方面的分析全面了解儿歌。进而能够在目标的制定、教育策略、方法的选择、提问设计方面打好基础。

二、目标制定切合幼儿年龄特点以及儿歌特点

教育活动的目标是活动设计的灵魂所在，只有明确了目标，才能够根据目标进行相应的教育策略的选择，目标在前，内容在后，明确了目标通过何种途径实施，在实际活动的时候就会达到事半功倍的效果。活动目标的制订首先要结合《纲要》《指南》，细致研读符合幼儿年龄特点的语言领域目标，然后结合幼儿实际情况、活动内容的特点等科学合理地制订。

在儿歌《问》的目标制定中，通过研读《纲要》，明确了中班幼儿能够听懂一段话的意思，在使用简单句的基础上，语言逐渐连贯起来，并具有了相应的语言理解能力。教师在引导幼儿有序阅读的基础上能够认真观察和理解画面内容。同时《问》这首儿歌最显著的特征就是双句问答，所以第一次的活动重点目标就应该体现这两方面的内容。

三、根据儿歌内容与目标设计有效性提问

提问是一种重要的教学手段，它体现教育目标，突出教学重点，实现难点突破，在创设问题情境时有着不可替代的作用。提问不仅可以激发幼儿的学习兴趣，提高幼儿的思维水平，更能让教师在问答的过程中了解到幼儿的认知水平，教学目标的难易以及教育手段的成功与否，从而教师在教学过程中能够及时调整提问的角度与方法，更好地完成教学目标。

儿歌《问》的画面展示了儿歌的内容，所以在提问设计上鼓励幼儿带着问题去观察，如"你在哪儿看到了尖尖、圆圆、方方的东西"，让幼儿初步熟悉儿歌的内容。在幼儿回答阶段采用连续追问的方式，如"哪里是尖尖的？尖到哪里去了？"通过追问促使幼儿思考，进而更加细致地观察画面，并用较完整的语言进行表述，锻炼口语表达能力，从而完成教学目标。

四、教育策略与方法的选择要支持目标，并补充幼儿缺失的内容

一节优质的教育活动离不开众多教育策略与方法的运用。教育策略的选择

一定要切合儿歌的特点，从内容、语言等方面进行教育策略的选择。

在儿歌《问》中有菱角、渔网等内容，这些都是南方常见的物体，生活在北方的幼儿基本无从知道。如果仅靠教师的语言解释，那么孩子的理解就不够深入，会比较抽象。在活动中采用何种方法补充幼儿经验缺失的内容呢？视频其实是一种有效的教育方法。通过看视频，幼儿能够直观形象地看到物体的形象，在幼儿头脑中形成比较全面的信息。所以在儿歌《问》的教学设计中，采用播放采菱角、撒渔网、远观尖尖的宝塔等内容，给幼儿形成比较具体的形象信息，更加全面地理解儿歌内容，有效地补充幼儿知识经验上的缺乏。

儿歌《问》语言的特点之一是核心词汇突出，核心词汇就应该是幼儿在学习过程中的一个重点。在教学活动中，教师利用操作板，通过横竖表格的交错，引导幼儿通过观察将图片贴在相应的位置上，锻炼了幼儿的思考能力，同时也加强了幼儿对儿歌的理解。在操作板上横排为地点（上天、在水边），竖排为形状（尖尖、圆圆、方方）。幼儿在初步感知儿歌后，通过观察操作板将宝塔、太阳等图片贴在相应的位置上，在板上呈现儿歌的主要内容。再利用教师提问、幼儿提问相结合的方式学习儿歌，给予了幼儿学习的主动性。

儿歌《问》语言的特点之二就是双句问答，这是这首儿歌明显区别于其他儿歌的显著特征。如何让幼儿主动地学习这种新的儿歌类型呢？在课程设计中，设计了问答操作卡，鼓励幼儿主动学习。将两个问题利用与操作板一致的图画方式打印在一张小的卡片上，将两个答案也打印在一张小卡上，幼儿自由结为两人一组，一人看题卡提问，一人看答案卡回答，两人之间通过互相学习，巩固儿歌内容和双句问答。中班幼儿正处于合作与交往的关键期，这种二人之间的合作、交流给予了幼儿充分的主动性，能够发挥同伴的教育作用，通过合作、帮忙、交流等方式实现全面的学习。

五、改变儿歌节奏，增加念唱的韵律感，提高幼儿学习的积极性

感知韵律节奏是诗歌学习的核心经验，通过节奏的变化体验诗歌朗诵、吟诵的快乐。在节奏变化方面，要针对具体的儿歌进行分析。主要适用于有节奏的儿歌，通过变化节奏增加幼儿吟诵的乐趣。还可以通过幼儿间的对拍、对歌等活动增强幼儿之间的互动，激发幼儿的兴趣。在儿歌的学习过程中还可以加入乐器，增加念唱的兴趣。

儿歌《问》就是一首极具韵律感的儿歌，非常适用改变节奏进行念唱，提高学习的积极性。在提问过程中，教师可以改变提问的节奏，如×× ×× ｜×× ｜×－｜，在提问时这样说："什么 尖尖｜尖上｜天－｜"，或者×. ×｜×× ｜×× ｜×－｜，"什. 么｜圆圆｜圆上｜天－｜"。教师在提问的时候变换了节奏，鼓励幼儿通过模仿进行回答。在幼儿自主提问学习的过程中，还可以创编新的节奏。

诗歌教学是幼儿园一项重要的教学内容，也是幼儿学习、感知社会的重要手段。在设计诗歌类的教学活动中，通过细致分析读本设定目标，进而进行提问以及教育策略的选择。在教育活动中，一定要将幼儿的主动学习放在首位，同时还要引导幼儿自己发现问题、提出问题。教师不要将难点前置，要给予幼儿充分的观察理解的时间，鼓励幼儿主动学习。

（作者：张雪梅，本文荣获北京市第七届"京研杯"教育教学研究成果二等奖）

28. 幼儿园教师的肢体语言有何作用？

作为一名幼儿教师，我们所执教的对象一般都是 3～6 岁幼儿，他们正处在具体形象思维阶段。那么就需要教师在教学过程中，针对幼儿的年龄、心理和生理特点，采取形象、生动、新奇、有趣的方法，充分调动幼儿的各种感官来参与各种活动。其中运用肢体语言来进行教学显得尤为重要，教师如果能在教学中运用丰富、明确的肢体语言，让幼儿的视觉与听觉相结合，将对幼儿的主动学习，获得知识技能起到积极作用。

那什么是肢体语言呢？肢体语言是指通过身体各部分能为人所见的活动来进行表达和交流，也可称之为体态语言或无声语言。它主要包括手势、眼神、动作及姿态等，是有声语言的重要辅助手段和补充，通过肢体语言的运用及其有声语言的有机结合，能达到眉来眼去传情意，举手投足皆语言的境地。这类非言语行为既可与言语同时使用，又可单独使用，它在人际交流、理解的过程中，尤其是在传递情绪、信息的过程中具有特别重要的意义。

一、肢体语言在教学中的特性

（一）肢体语言具有辅助性，是语言教学的有力补充

在幼儿园有各种各样的教学形式，不可能由单一的语言形式进行，必须依赖肢体语言的辅助。因为幼儿的水平各不相同，不能完全理解教师的课堂语言，因此，教师就要及时地改变教学策略，利用幼儿容易理解的肢体语言进行教学。肢体语言能弥补有声语言的不足，甚至可以替代有声语言的功能。有声语言与肢体语言二者互为补充，相辅相成，使教学内容得到完整的体现。例如，教师在上《鹅大哥出门时》利用一摇一摆的动作、神气的表情表现出鹅大哥没有跌进泥坑时的神气表情，用此来吸引幼儿的注意力，大大调动了幼儿学习的积极性，使整个教学活动生动有趣。

（二）肢体语言具有直观性，能对教学内容做出最直接的解释

肢体语言可以直接刺激幼儿的视觉器官，将生动逼真的表情动作呈现在幼儿面前。例如，教师在帮助小班幼儿理解"飞翔"一词的时候，就是通过身体动作的示范，帮助幼儿理解词义的。还有教师在讲述游戏规则时，大多数小班孩子理解不透，往往造成游戏无法正常进行。例如"大门关好"（双腿并拢）"小狗看家"（双手放在膝盖上），有经验的老师总是通过自身的动作演示为孩子提供有效的示范。教师做出的不同身姿、手势和动作，往往比语言更具有可理解性和模仿性。

（三）肢体语言具有约定性，能培养师生之间的默契

肢体语言是在课堂教学过程中由师生共同创造的，在长期使用过程中达成的一种默契，双方都能领会、接受、运用的一种信号系统，这种信号对课堂的管理起着良好的控制作用。例如大班幼儿在做集体游戏"快乐的士兵"时，教师在圆圈中间，在音乐的伴奏下利用各种肢体语言来指导幼儿不断变换动作，这种肢体语言的巧妙利用早已成为师生间的约定，久而久之就形成了一种默契。

二、教师的肢体语言在幼儿园一日生活中的作用

（一）教师利用肢体语言有利于幼儿适应环境

小班新生都只有三四岁，刚刚离开父母，又换了新环境，周围都是陌生

人，那种孤独感是可想而知的，孩子是否能早日适应环境，除了父母的配合外，还要看老师的教育水平。教师除了教孩子唱歌、游戏、讲孩子爱听的故事以分散他们的注意力外，还可以用肢体语言使他们觉得在幼儿园像在家里一样温馨，在老师身边像在妈妈身边一样安全。如把孩子轻轻搂在怀里，缓缓拍着他的背部，脸贴着脸，嘴里轻轻说些安慰的话等，这样可以使孩子那颗惊恐失措的心渐渐趋于平静，和孩子们说话最好蹲着，视觉保持一致。当他说话不着边际时，你都微笑着等他说完再发表见解，这样可以让他觉得自己像大人一样被尊重。老师和孩子们一起游戏时，有的幼儿喜欢时搂着老师的脸，有的喜欢拉着老师的大手，每当这时候，老师都会逐一抱住他们，要么刮他们的鼻子，要么摸摸他们的头，再不然背着他们转上一圈，这时候孩子们开心极了，围着老师又蹦又跳。

（二）教师利用肢体语言可以提高幼儿的注意力，有助于信息的传递

在教学中，恰到好处地运用手势等动作来表情达意是教学艺术的一大特点，教师如能巧妙地运用肢体语言这一教育手段来辅助教学活动，用激昂的语言、活泼的动作来吸引幼儿的注意力，就可以让幼儿从无声的语言中体会到教育内容的内涵和意境，从而掌握知识、技能，发展幼儿敏捷的思维能力。例如在欣赏故事时，讲述第一遍故事时，幼儿往往注意力很集中，在第二遍理解故事时，有些发言不热烈的幼儿开始分散注意力，这时如果让幼儿用肢体语言来表示内容，幼儿的兴趣就来了，如讲到蜜蜂来了，就让全体幼儿一起来做蝴蝶飞一飞，讲到青蛙来了时又一起来跳一跳……幼儿学习会变得主动，而且全体幼儿都参与了，也充分体现了幼儿学习的主体性。

（三）教师利用肢体语言能让幼儿养成良好的生活常规

肢体化语言注重情感和思想上的沟通，它是以教师的肢体语言来传达情感给幼儿。透过实际的肢体动作，老师可以做自然且有效的表达，可以更直观地帮助幼儿明白某一件事或起强调作用。肢体化的儿歌可有效地运用在生活常规的各项活动中。如结合儿歌《走路要学小花猫》既是语言的练习，又可以通过游戏的方式将走路的要求自然而然地传递给孩子，当老师说到"走路要学小花猫"时，教师举起双手，五指张开朝两侧打开，说到"脚步轻轻静悄悄"时教师脚尖踮起轻轻走并且保持一定的距离，又说到"不要学那小螃蟹"时，教师两手侧平，手指向下摇动……就这样一句一个肢体语言的引导，幼儿很快就理解了儿歌的意思，走路的常规也就培养起来了。又如，幼儿在喝水环节总是大声喧哗，这时老师把食指竖着放在嘴上，并且微笑着瞪大眼睛暗示幼儿要安静下来，这样每天坚持，在轻松愉快的气氛中潜移默化地培养幼儿的生活常规。

总之，教师的肢体语言是一种爱的表达，是教学艺术的一个重要组成部分。善于使用这种语言，可以使师生的心灵之间架起又一座沟通的桥梁。肢体语言在教学中发挥着不可或缺的作用，我们可以用它来沟通心灵。让孩子在肢体语言的暗示下获得关爱与发展。

（作者：蔡立华，本文荣获北京市第五届"智慧教师"教育教学研究成果二等奖）

29. 如何利用多媒体课件优化教学活动？

现如今，一支粉笔、一本书、一幅挂图、一个游戏，已经远远不能满足现代儿童的求知欲望，时代呼唤信息技术教育。多媒体教学以它强大的交互功能突破时空的限制，将声音、图像、文字有机结合在一起，声情并茂、图文结合地为孩子创设了一个生动、形象、直观、视听结合的情境，使得教师乐教，孩子乐学，推动了幼儿素质教育的进程，使我们的教育手段进入了一个现代化的全新时期。多媒体教学与传统的教学手段相比，显示出了它独特的优势，在活动课上的使用上占了很大一部分比例。其中多数课件运用得恰到好处，提高了教学质量，培养了孩子多种能力。

一、运用多媒体课件创设趣味情境，激发幼儿的学习兴趣

兴趣是渴求知识，探索某种事物的一种心理倾向，也是幼儿学习的源泉和动力。在幼儿教育教学中，利用多媒体课件创设生动有趣、富有启发性的情境，使幼儿精神放松，身心愉快，从而激发幼儿学习的内驱力和兴趣，使其很快地进入情境中。

在中班科学活动"大自然的清洁工——屎壳郎"中，我充分利用多媒体课件的演示功能和趣味性的特点，为幼儿创造积极探索的环境。首先我为幼儿创设了"牧场变脏"的情境，引发幼儿观察屎壳郎如何清洁牧场的兴趣。然后通过录像片断生动地向幼儿展示屎壳郎用足推球的方式，就像平时和孩子讲故事一样。为了让幼儿进一步感知屎壳郎的外形特征，我又为幼儿创设了一个问题情境，帮助幼儿学习理解。在活动设计中，我利用多媒体课件中的图片、录像、游戏等演示手段让幼儿用形象化的语言进行回答，不但培养了幼儿的观察力，还锻炼了幼儿的语言表达能力。

二、利用多媒体课件展示直观画面，集中幼儿的注意力

幼儿园教学活动中，如果教师一开始就出示教具，就会立刻吸引幼儿的目光，激起他们探索的欲望，利用这一特点，就可以借助多媒体课件直接将学习内容的信息直观传递给幼儿。如在美术活动"热带鱼"中，我一开始就把色泽鲜艳、形态奇特的热带鱼在屏幕中展现出来，幼儿的注意力一下子就集中起来，屏幕中伴随着阵阵海浪声的动画让他们目不转睛，在作画过程中，幼儿充分发挥想象力，画出了一条条生动美丽的热带鱼。

三、运用多媒体课件巧设问题，发展幼儿的创造性思维

发展幼儿初步解决问题和创造性思维的能力是幼儿教学的目标之一。在活动中，我们运用多媒体课件挖掘教材中富有挑战性和探究性的问题，鼓励幼儿多观察、多思考，从中发现一些需要和矛盾，进行大胆假设，并设想出创造性解决问题的办法。

如中班科学活动"有趣的雨伞"，通过课件呈现雨伞的演变过程，使幼儿了解为了解决人们生活中的需要和存在的问题而对雨伞进行的一系列改革。幼儿在观看课件后也提出了很多具有创造性的建议。"多功能雨伞""避雷雨伞""防滴雨伞"等新式伞也随之诞生。

又如数学活动"4的组成"，我通过网络搜索到了相应的多媒体课件，其中就有这样的情境：4只可爱的小鸭和颜色鲜艳的房子，只要点击鼠标，课件就能直观地模拟小鸭在房子前表演不同的跑法，每点击一次，画面还会配以欢快的背景音乐。这些动态画面使抽象的内容变得直观，由静态变为动态，借助

画面，幼儿的思维也更加活跃，对组合含义的掌握比传统的教学要快得多。实践表明，由于运用了多媒体课件，抽象的数学知识变成了活泼可爱的小鸭，幼儿学起来不会感到枯燥乏味，而且想象空间也变得更为广阔。

四、运用多媒体课件促进幼儿语言发展

中班的幼儿受个性和环境的影响，在语言表达能力上存在着明显的差异。有的性格外向，能说会道，落落大方；有的沉默少语，胆怯害羞，见外人不说话。这样就使得班级内幼儿的语言表达能力发展不均衡，如果在语言活动中没有丰富的语言素材，只有几张静态的图片等简单的教具，就不能很好地发展幼儿的语言能力。为此，运用多媒体技术营造一个非常丰富的动态语言环境就成了一个必然的选择。如语言故事《桃树小白兔》一课，目标是幼儿理解故事，并有表情地进行表演，培养幼儿的语言表达能力。我利用课件的形式教学，幼儿被这些能走、能跳、能跑、能叫的小动物给吸引住了。幼儿的积极性被完全调动了起来，就连平时寡言少语的幼儿也都积极举手发言，争先恐后地回答，幼儿的注意力完全投入到活动之中。可以看出多媒体技术声情并茂，具有喜闻乐见的特点。多媒体技术用于语言活动中，一方面可以培养幼儿的注意力，另一方面使群体的语言向积极方向发展，从而提高了幼儿的语言表达能力。

运用多媒体辅助教学，在引导幼儿探索、创造、开阔视野、活跃思维、发挥主观能动性等方面都起到了至关重要的作用。多媒体对优化教学过程、提高教学实效性等方面都是非常有价值且值得深入探索的。

（作者：刘雪竹，本文荣获第十届学前教育技术专业委员会"五优联评"活动主题论文组二等奖）

30. 如何在美术活动中有效运用现代信息技术？

随着信息技术的快速发展，现代信息技术已经成为幼儿园的一种辅助教学

手段。它具有形象直观、生动、感染力强等特点，从多角度、多层次、多方式、多途径地为幼儿展现认知对象，在幼儿园教学活动中使静止的东西动态化，复杂的东西简单化，枯燥的知识趣味化，学习的过程生活化，对幼儿园的教学活动起到了很大的辅助作用。特别是在美术活动中，现代信息技术将文字、图片、声音、动画等多媒体效果组织起来，具有动感和趣味性，能充分激发幼儿的学习兴趣，同时它又具有直观演示、人机交互、实时操作等多种形式，能充分发挥幼儿学习的主动性，提高教学效率。

一、运用信息技术创设良好情境，激发幼儿的学习兴趣

心理学的研究表明：兴趣是幼儿学习的重要动力。幼儿园的孩子年龄小，无意注意占主导地位，鲜明、新颖、具体形象的刺激是引起幼儿无意注意的主要因素。幼儿对有色彩的、有声音的、会变化的刺激物最感兴趣，注意力最能集中。而多媒体计算机集文字、图形、动画、视频、声音等多种信息加工于一身，融视、听、动觉于一体。我们用计算机制作课件时，针对幼儿的年龄特点，运用幼儿喜闻乐见的动画，用语音模拟小动物的发声，清晰、生动、形象、逼真，色彩鲜艳，为幼儿园美术教学活动创设了良好情景。真实动感的形象容易激发幼儿学习的主动性、积极性，提高对美术活动的兴趣。例如，在进行小班绘画"小刺猬背果子"的活动中，先请幼儿欣赏"小刺猬背果子"的视频，孩子们一下子深深地被吸引住了，小刺猬身上扎满果子的形象大大激发了幼儿绘画的欲望，对幼儿产生了强烈的视觉刺激，由此幼儿在整个活动中保持着浓厚的兴趣和愉悦的情绪，每名幼儿都画出了背满果子的小刺猬。

二、运用信息技术达到直观教学效果，提高幼儿的活动兴趣

1. 运用现代信息技术可将教学内容形象、生动、鲜明地表现出来，丰富教学形式，使教学内容变得可视、可听、易感知、易体会，便于幼儿理解。以前，单一的作品欣赏很难让幼儿全方位体会到作品的内涵，现在通过运用现代信息技术，充分发挥其声、像、色、形等优势，教学时教师移动鼠标，让艺术作品展现在幼儿面前，调动幼儿的各种感观来感受作品，让幼儿获得立体的多元化的艺术感受。例如，在进行中班装饰画"美丽的青花瓷瓶"的教学中，由于幼儿对青花瓷了解甚少，于是我利用电脑为幼儿下载了各种青花瓷瓶的图片

布置成欣赏角请幼儿欣赏，帮助幼儿了解青花瓷的特点，在欣赏瓷瓶的同时再配以恬静优美的《青花瓷》音乐，极大地激发了幼儿的创作欲望，接着他们展开自己的想象，创作了形态各异，花纹各不相同的青花瓷瓶，达到了理想的教学效果。

2. 运用现代信息技术中的特殊手段，使教学更加直观。例如在绘画小蜜蜂时，可以利用它的定格技术，让幼儿清楚地看到小蜜蜂的触角、翅膀、足，仔细观察它们的外形特征，准确地表现出来。再有在绘画四季时，可以下载各种植物的生长变化视频，请幼儿欣赏、观察，如春天的大树刚刚发芽，到夏天就会枝繁叶茂，秋天慢慢变黄、飘落，到了冬天树木就会变得光秃秃的，幼儿对四季有了直观的认识后再进行绘画活动，幼儿不但在创作上更加自信，而且表现的作品内容也会非常独特。

三、运用现代信息技术培养幼儿的审美情趣

美术欣赏活动是幼儿园美术教育内容的重点之一，欣赏活动中让幼儿感受和欣赏美术作品、自然景物和生活中的美好事物，感受形式美和内容美，丰富审美经验，发展创造力和想象力，从而培养幼儿的审美情感。利用现代信息技术教学为美术欣赏创设理想的环境，营造了美的氛围。例如在制作京剧脸谱活动中，我在下载各种京剧脸谱供幼儿欣赏的同时，还下载一些精彩的京剧片段，让幼儿对京剧的音乐及装扮有一定的了解，并对京剧产生极大的兴趣，再通过信息技术手段展示各种京剧脸谱，让幼儿进一步了解脸谱的主要特征、色彩的搭配以及人物性格，使美术活动在音乐、影像中有机结合，让幼儿获得立体的、多元化的感受，打破传统的美术教学形式。如果幼儿有疑问，电脑还可以再次演示，强化示范步骤，突破教学中的难点，并且节约示范用的时间，使孩子有更多的练习时间，也使幼儿在轻松、愉快的气氛中得到美的享受。

四、运用现代信息技术培养幼儿的创造力

在美术活动中，只会模仿，不懂创新的人是出不了优秀作品的，而运用现代信息技术教学能培养孩子的创新意识，提高创造能力。例如，在画《机器人》的命题画时，教师通过多媒体课件给幼儿创造了形、声、音、像相结合的

机器人在太空的生动情景，激发了他们的绘画兴趣，开阔了幼儿视野，拓宽了孩子联想的思路，同时，多媒体课件中示范画"机器人"清晰有趣，幼儿从这里接受到新的信息，在头脑中形成各种各样的机器人形象，各种动态、形状各异的机器人跃然纸上，每个人的作品各不相同……运用多媒体动画给幼儿很大的启发、点拨，使幼儿思路开阔，充分发挥了创造能力。

总之，在美术活动中运用现代信息技术，使活动达到事半功倍的效果。教师利用现代信息技术将文字、图片、声音、动画有机地结合在一起，充分刺激幼儿的多种感官，调动了幼儿参与美术活动的积极性，使幼儿真正成为了学习的主人。

（作者：王成龙，本文获北京市第五届"智慧教师"教育教学研究成果二等奖）

31. 如何在奥尔夫音乐教学中培养幼儿的节奏能力？

奥尔夫认为，一切音乐的开始和基础，便是节奏。不管是简单的歌曲还是复杂的交响音乐，节奏都是其必不可少的重要元素。柯达伊曾说："节奏是人的本能，是各种音乐要素中和人的生理、心理感受最直接的部分，通过节奏训练可以发展听觉、音乐能力。"幼儿在音乐启蒙阶段，最重要的就是培养幼儿具备最基本的音乐素养。幼儿的节奏训练就是幼儿音乐启蒙训练最基本的音乐基础训练，因为节奏是音乐的生命，节拍是音乐的心脏，二者直接控制着音乐的流动与均匀。正确的节奏感有利于幼儿走向正确的音乐学习之路。

一、将节奏融入说话、童谣、顺口溜、古诗词等活动中，发展幼儿的节奏能力

每一个人自出生后，有两个基本能力是每个家长都要教的：一是学说话，二是学走路。所以，利用说话作为起步的音乐教学会使孩子们感到非常熟悉、

亲切，它无需专门的训练和技能技巧的准备就可以开始音乐教学，学习中自然减少了心理障碍。语言节奏有很大的灵活性，掌握起来难度较小，且表现形式丰富，可以有短语的节奏、词组的节奏、句子的节奏等。幼儿，特别是小班幼儿，语言表达能力已基本形成，可以进行语言节奏训练。同时，语言节奏训练操作起来比较简单，而且语言节奏贴近幼儿生活，能引起幼儿的兴趣。例如我用幼儿的姓名进行节奏练习，在点名环节，让幼儿有节奏地进行自我介绍，如 ×× ｜ ×× （我叫刘洋）， ×× ｜ ××× （我叫蔡一鸣）。我用同样的方法让幼儿选择自己熟悉的动物名、交通工具名来进行节奏说白。如可爱的小白兔、漂亮的孔雀、凶猛的狮子等。这样不仅提高了幼儿的节奏感，还发展了幼儿的语言表达能力。

为了提高幼儿的节奏能力，我还从幼儿喜爱的童谣、古诗词开始，引导幼儿有节奏地朗诵童谣、古诗词，还可以利用小乐器边敲打节奏边说儿歌，从而提高幼儿的节奏能力。

二、通过游戏活动提高幼儿节奏能力

游戏是幼儿最喜欢、最乐于接受的活动。教师通过游戏活动来培养幼儿的节奏感是再好不过的方法。按奥尔夫音乐教育法，开始学习音乐的相当长一段时期内，根本不用识谱，也不用学习难于理解的乐理知识，只需要从朗诵入手，结合拍手、拍腿、跺脚做节奏游戏。同时我们还可以进行模仿声音的游戏，让幼儿将听到的声音用嗓音模仿出来，如动物叫声、交通工具发出的声音、人行走的声音、鸣笛、喇叭、铃声等。幼儿在模仿这些声音的过程中提高了节奏感。身体动作游戏也是培养幼儿节奏感的很好途径，幼儿的兴趣也很高。如在游戏"我的身体会唱歌"中，启发幼儿探索把身体当作乐器，在音乐伴奏下发出种种有节奏的声音。有的小朋友拍手、拍身体的各部位，有的站起来踏步、滑步，还有的用嘴巴发出弹舌声、碰牙声、吱吱声等。

幼儿都喜欢以游戏的形式认识并学习节奏。也许幼儿喜欢的并不是节奏本身，因为节奏对他们来说就是一个抽象的概念，但是透过游戏的这种形式，幼儿可以从动作、语言、律动、声势等多个方面来感受节奏、认知节奏，从而提高了幼儿的节奏能力。

三、利用图谱帮助幼儿理解抽象的音乐要素，提高幼儿的节奏能力

小班幼儿处于直觉行动思维阶段，中班幼儿处于具体形象思维阶段，大班幼儿才开始发展抽象思维。为了让幼儿打击出好听的节奏，我们就要让幼儿充分地理解乐曲中所表现的内容，还要引导幼儿把旋律节拍这样抽象的音乐要素形象化。在教学中我利用图谱编出具体情节和动作，这样有助于幼儿在理解的基础上表现音乐。如在《三只熊》的节奏乐中，我创设三只熊去森林散步的情景，利用熊脚印把三种节奏型展示给幼儿，让幼儿探索三只熊走路的节奏中，熟悉三种节奏型。最后他们在充分地感知下能够利用小乐器演奏出来。

四、引导和鼓励幼儿进行节奏的创作

在音乐教育过程中，我们不是只强调节奏的训练，而是更注重培养幼儿的音乐思维，引导幼儿创造性地表现音乐，激发他们独立思考，并创设机会让他们发表自己的见解。如在节奏"火车"游戏中，我要求幼儿换个自己创作的不同于别人的节奏。每个幼儿都能积极主动地参与，并创造出许多不同的节奏。

教师也可以经常以同伴身份参与幼儿的活动，有时教师假装跟不上孩子们创作的节奏，天真的孩子们会鼓励我们"再来一次"，当老师准确无误地模仿出时，孩子们就兴奋地为老师鼓掌。在老师与幼儿、幼儿与幼儿相互作用的过程中，幼儿的注意力、记忆力、听辨能力及节奏感均不断提高。又如在创作《娃娃春游》打击乐时，老师引导幼儿讲述主题大意：春天的早晨，太阳升起来了，小朋友坐上旅游车去春游，春风轻轻吹，鸟儿叽叽叫，好像在欢迎我们，公园里，花儿红、草儿绿；柳枝飘、桃花笑，小河里游着快乐的小蝌蚪。小朋友唱啊跳啊，玩得开心极了……接着，我鼓励幼儿根据音乐各自思考选用什么乐器，打什么样的节奏，并说说理由。如有的幼儿选择三角铁，用较缓慢的节奏表示太阳慢慢地升起来了，有的用摇手铃表示小蝌蚪在欢快地游等。通过交流、比较、分析、评价，最后选出一致赞同的演奏方案。这种群体合作的创造把学习技能和训练创造性思维融合在一起。在这一过程中，幼儿表现乐曲的情感胜于演奏的技术。

奥尔夫的音乐教育实践内容丰富，形式多样，教法灵活，每一个教学过程

对于教师和幼儿来说都是一个充满创造性的活动。教师在教学实践中运用奥尔夫音乐教学法中的节奏教学时，一定不能够生搬硬套，要根据幼儿的实际年龄特点、接受领悟能力、音乐能力水平等来选择和创编适合他们的教学实践内容。只有这样才能够更好促进幼儿节奏能力的提高。

（作者：陈大翠，本文荣获北京市第四届"智慧教师"教育教学研究成果三等奖）

32. 如何运用海森高理念支持幼儿的活动？

《纲要》中提出："重视幼儿的学习品质。幼儿在活动过程中表现出的积极态度和良好行为倾向是终身学习与发展所必需的宝贵品质。要充分尊重幼儿的好奇心和学习兴趣。逐步养成积极主动、认真专注、不怕困难、敢于探究和尝试、乐于想象和创造等良好的学习品质。"但是在尊重幼儿的兴趣和好奇心的同时，教师要如何支持幼儿的主动学习？当幼儿在活动中遇到问题，如何尊重幼儿的游戏意图，支持幼儿的游戏行为？

一、思想上的蜕变，行动上的落实

幼儿在游戏的时候往往会遇到很多问题，尤其小班的幼儿，一旦遇到问题不知道该怎么做，不会解决，就会放弃了。或者自己没有尝试解决就去找老师。海森高的儿童观是"相信儿童是有能力、有自信的学习者。"《指南》中也指出："重视幼儿的学习品质。"因此当幼儿遇到困难时，教师应该鼓励幼儿不怕困难，支持幼儿动脑筋去解决这些实际问题，幼儿才能真正提升解决问题的能力。例如，乙岑小朋友在玩具区进行串珠游戏，想制作一个手链，珠子穿好了，可是绳子不会系，她找我来帮忙，以前我一定会直接帮小朋友系上，可这次我没有，我要鼓励小朋友自己解决这个问题。首先我先安抚了乙岑的情绪，又和她一起找到她把绳子系上的目的，她说想把两根绳子连在一起，把串珠戴在手上。了解了孩子真正的意图，我带着孩子在班里转了一圈，看看哪个材料可以帮助幼儿把两根绳子连在一起。当来到美工区的时候，她仔细地观察了材料，并拿起一根毛根说："老师我要用毛根把线缠在一起。"最终她用毛根把两根绳子缠在一起。在游戏回顾的时候，我请乙岑小朋友分享了自己解决问题的方法，同时还和幼儿讨论了还有哪些材料能把绳子连在一起，最后和幼儿学习了系带的方法。利用这次分享把个别幼儿的经验群体化，散点的经验系统化。

二、尊重幼儿的游戏意图，支持幼儿的游戏行为

《指南》中指出"对感兴趣的事物能仔细观察，发现其明显特征。"一次户外活动的时候，小朋友们都在玩滑梯，浩浩却从地上捡起一个像毛毛虫一样的东西。教师没有制止浩浩，而是认真观察他的行为，尊重他的意图。一会他还邀请其他小朋友帮他一起捡，还和小朋友们一起讨论，这原来是松树上掉下来的没有长大的小松塔。小朋友们捡了很多，小手都拿不住了，他们想从班里拿筐来装。浩浩告诉老师他想把松塔串在一起挂在自然角请小朋友观察。教师说："你需要什么材料，准备什么时候用？"浩浩说："我需要乳胶、毛线，明天活动区的时候用。"第二天活动区的时候，浩浩真的来到美工区，拿出昨天捡的松塔和需要的材料，认真地做了起来，制作过程并没有想得那么简单，但他一直想办法解决。最后把做好的一串松塔粘在了自然角，那串小松塔显得格外精致。正是教师在活动中尊重了幼儿的游戏意图，默默地退后观察，提供幼儿需要的空间和材料来支持幼儿的行为，才会有这个小作品。

三、投放真实的、源于幼儿生活的材料，支持幼儿主动学习

海森高的魅力在于幼儿可以在幼儿园里玩那些在家中家长不让操作的东西，幼儿园提供真实和来源于幼儿生活的材料是最好的支持幼儿主动学习的方法。比如在家庭区投放围裙、锅、铲子、餐刀、碗等这些厨房类的真实的材料。他们会自发地穿上围裙，用铲子在锅里炒菜，模仿家人在家做饭的样子。琪琪的妈妈是护士，所以琪琪每天都喜欢穿着护士服给小朋友打针，一次彤彤一直咳嗽，琪琪说："你喝点梨水，可管用了，我妈妈就给我做。"我问她："都需要什么材料？"她告诉我需要梨、枣、冰糖、锅。既然孩子有对材料的需求和渴望，第二天我把这些材料全部投放在家庭区，同时还投放了电磁炉。晨会活动的时候给孩子们介绍了新材料，共同商讨了注意事项。活动区工作时，

很多小朋友都选择来家庭区做梨水。

随着教育理念的不断更新和发展，教师也要不断学习。教师要做到认真观察幼儿、相信幼儿，真正地退后，尊重幼儿的游戏意图，支持幼儿的主动学习。

（作者：侯梦涵，本文荣获北京市第八届"京研杯"教育教学研究成果三等奖）

33. 如何有效开展健康童话剧？

幼儿童话剧表演是指幼儿通过对喜闻乐见的经典童话的感受、理解，运用生活经验，发挥自己的想象进行创造性表演的活动。幼儿童话剧综合了文学、美术、音乐、舞蹈等多问艺术，它是一门天然性的、综合性艺术。幼儿天生喜爱假装和幻想，幼儿天生是演员、剧作家和导演的集合体，他们身上潜在的戏剧天性需要一种理想的教育去呵护、激发、引导，童话剧表演过程就是让幼儿在相互合作的群体工作中，学会合作，成为自信、开朗和善于表达自己的全面发展的人。如何发掘童话剧的更多教育价值呢？

幼儿的健康教育是指保持和促进幼儿健康发展，依据幼儿身心发展的特点和需求而进行的系统性教育活动，它对幼儿的发展具有独特的价值。随着人们对儿童健康教育越来越重视及学前教育研究和发展的科学化，毫无疑问，学前健康教育的理论和实践研究将进一步深化发展。《纲要》中明确指出"幼儿园必须把保护幼儿的生命和促进幼儿的健康放在工作的首位，我们必须高度重视幼儿的健康教育。"如何将健康教育融入到幼儿生活动中呢？《指南》指出"幼儿的学习是以直接经验为基础的，在游戏和日常生活中进行的。"所以根据幼儿的学习方式和特点，可以开展健康童话剧，让幼儿在游戏中学到健康的知识。

一、筛选适合幼儿年龄特点及兴趣的健康童话剧作品

健康童话剧的来源可以是童话故事、身边小事、戏剧影视作品，甚至是孩

子们感兴趣的事件和想法。

在童话剧的选择过程中要充分考虑幼儿的表演经验及动作，语言的发展水平。针对小班幼儿语言能力较弱，表达缺少连贯性的特点，可以选择故事情节简单，重复对白多的童话剧，又因为小班的幼儿喜欢小动物，可以选取以幼儿最喜欢的小动物为形象的健康童话剧《聪明的小白》《小兔子乖乖》等。到了中班，幼儿的表演能力逐渐加强，动作的表现能力也加强了，可以选择有故事情节的童话剧《不爱刷牙的小狮子》。大班的幼儿语言能力明显提高，动作的表现力更为丰富，可以增加更多的角色和剧情，如《等明天》。

二、结合健康领域目标挖掘健康童话剧的教育价值

健康童话剧的主题及童话剧的选定要依据《指南》《纲要》各领域的目标，尤其是健康领域的目标，细化相关的关键经验，挖掘童话剧中的教育点，设计童话剧表演。比如小班的幼儿对陌生人不拒绝，对陌生人没有防备之心。《指南》中指出"幼儿不吃陌生人给的东西，不跟陌生人走"。所以可以选择在小班以幼儿最喜欢的小白兔的形象开展童话剧《聪明的小白》。通过童话剧的表演和观看，让幼儿知道不要陌生人的东西，并有初步的自我保护意识。到了中班，发现幼儿刷牙的方法不正确。《指南》指出"每天早晚刷牙，饭前便后洗手，方法基本正确"，因此根据幼儿的实际情况，可以选择童话剧《不爱刷牙的小狮子》，通过故事告诉幼儿不刷牙的危害以及刷牙的正确方法。

三、开展自主的健康童话剧表演

1. 感知故事。孩子们接触健康童话剧是从欣赏开始的，在欣赏的过程中，了解童话剧的故事，熟悉故事中的内容和角色，明确故事告诉我们的道理。在这个阶段，教师可以把童话剧的故事讲给幼儿听，激发他们的兴趣。也可以让他们通过观看视频了解健康童话剧。还可以请大班的哥哥姐姐们来表演，激发他们表演的欲望。如在中班《不爱刷牙的小狮子》中，教师请了刚刚升上大班的哥哥姐姐们来表演，教师在结束后让幼儿和哥哥姐姐们一起讨论健康童话剧，有的孩子说："你们的衣服真漂亮，是自己做的吗?"有的孩子说："你们表演得真好，我们也想表演。"通过观看童话剧，幼儿的兴趣被激发了出来，喜欢上了童话剧。

2. 自主表演。通过观看童话剧的表演，幼儿熟悉了童话剧的故事后，对故事的角色、动作和某一部分的内容开始感兴趣。在区域活动的时候，会常常看到几个小朋友自主地开始表演童话剧。尤其到了中大班，就算没有教师在一旁指导，幼儿也会自主地在一起表演起刚刚看到的或学到的童话剧的内容。

3. 自信表演。幼儿经过自主表演的阶段后，会渐渐进入比较正规的排练阶段。在他们之间渐渐地出现"小导演""小主持"，他们开始自己分配角色，并一起来解决表演过程中出现的问题。在排练的过程中，幼儿的语言能力、表情和动作都有不同程度的发展，配合和合作能力也逐步加强。教师在这个过程中可以多鼓励幼儿，对幼儿们的自信和自主给予肯定和支持。有了教师的肯定和鼓励，幼儿会更加喜爱童话剧。

四、健康童话剧的教育潜移默化

《指南》指出"幼儿的学习是以直接经验为基础的，在游戏和日常生活中进行的。"对幼儿的教育不能是简单的说教，所以可以将健康领域和童话剧相结合，让幼儿在表演和观看童话剧的过程中得到潜移默化的影响。比如小班的许多家长都反映，幼儿在上幼儿园两个月以后的某一天回家后都认真刷牙。家长一问才知道是因为中班的哥哥姐姐为他们表演了童话剧《不爱刷牙的小狮子》，他们看到小狮子因为不爱刷牙导致牙疼得厉害，仿佛从牙疼的小狮子身上看到了自己。

（作者：马惠莹，本文荣获北京市第七届"京研杯"教育教学研究成果三等奖）

34. 如何有效开展小班的美术活动？

受认知发展水平的限制，小班幼儿的感知经验少，表象贫乏，他们往往只对经常接触的、熟悉的和感兴趣的物体有绘画或制作的欲望。在绘画过程中没有明确的目的和意图，以乱涂乱画和涂鸦为主，满足于自身的动觉所产生的快乐感。他们常常把绘画当作游戏，因此绘画可以作为幼儿表达自我的一种外在游戏形式。教师把幼儿所要绘画的内容或主题转化为游戏，使游戏和绘画融合成一种活动、一个过程，通过游戏和绘画的相互结合来满足他们的愿望和需要。

美术活动是幼儿园孩子最喜欢的活动之一。因为在涂涂抹抹中，幼儿尽情发挥，抒发内心的情感。它可以为幼儿提供一个情感沟通与满足的机会，并通过绘画或手工这种外在的形式尽情地表达自己的观点，抒发内心的情感。而小班的幼儿刚刚入园，对幼儿园的环境不熟悉，年龄小，并且手部的小肌肉群发育不完善，不能很好地握笔和进行手工操作。《纲要》中明确指出"要让幼儿喜欢参加艺术活动，并能大胆地表现自己的情感和体验，能用自己喜欢的方式进行艺术表现活动。"那么，如何有效组织小班幼儿的美术活动呢？

一、运用趣味故事开展绘画活动，激发幼儿绘画兴趣

对于刚接触绘画的幼儿来说，一切都很陌生，辨别方位的能力很差，手眼不协调，握笔困难，控制笔更难，如果立刻要求他们画出什么图像，只会增加幼儿的紧张情绪，因此不必强求幼儿画出什么东西，可以开展一些有趣的绘画游戏，逐步培养他们的绘画兴趣。

如在"爱跳舞的笔宝宝"活动中，我向幼儿介绍笔宝宝住在盒子里，它们每天都要到纸上来玩耍、跳舞，然后再回到盒子里去，以此鼓励幼儿在纸上涂鸦，用提示的方式，如"笔宝宝会不会跳圆圈舞呢？再跳一个方块舞好吗？"来启发幼儿画出图形。又如在"彩云变变变"活动中，我利用彩云姐姐和太阳公公捉迷藏的故事引出变化的彩云，一会儿变成小帽子，一会儿变成小白兔，让幼儿充分发挥自己的想象力，自由勾勒线条图形。

二、多种途径培养幼儿对色彩的兴趣

幼儿有了美感，才会有美的创造。《纲要》中提出要"引导幼儿接触周围环境和生活中美好的人、事、物，丰富他们的感性经验和审美情趣，激发他们表现美、创造美的情趣。"

对幼儿进行美的教育，首先从认识色彩开始，在色彩缤纷的大自然中去寻找色彩。蔚蓝的天空中飘着白色的云朵，丰收的秋天有红红的苹果，黄黄的梨

子，橘黄的橘子。利用这些天然教材让幼儿认知色彩，引导幼儿感受美，从而去表现美、创造美。

另外我们通过玩色游戏激发幼儿对色彩的兴趣。为幼儿提供各色彩笔、颜料，让小朋友们在大纸上画彩条、圈圈及任意涂抹，用滚珠画的方式来装饰各种球，用手指点画、手指印画来装饰刷白的篮球、圣诞花环和圣诞树等。

三、采用游戏的方法学习简单的绘画技能

1. 结合日常生活中幼儿喜爱的事物，选择外形可以概括成点、线的物体为内容，如用点画飘落的雪花，用短线画绿绿的小草，用圆画苹果、气球等。

2. 用游戏性语言引导幼儿画出简单的线条。如把竖线、横线比喻成木棍，竖线比喻成木棍站立，横线比喻成木棍睡觉，弧线比喻成木棍弯腰等。

四、本着"幼儿在前，教师在后"的教学理念探索新的绘画教学模式

不仅要设计好活动方案，还要充分调动幼儿的积极性。在新的绘画教学模式下，要求以幼儿发展为中心，注重幼儿个性和创造力等目标的培养。对于幼儿来讲，绘画是一种游戏，一种能获得快乐的活动，他们全然不知要画得怎样才好，只要自己快乐就行，所以教师要将选择内容的出发点由以老师为主的"我要他画什么"转到以孩子为主的"孩子想要画什么"上来，老师则成为孩子学习的引领者、支持者、合作者，只有这样才能更好地激发幼儿的创造表现。

在设计期末美术领域展示课时，我发现班上幼儿无论男孩女孩大都喜欢小皮球，他们兴奋地滚皮球、拍皮球、追皮球、传皮球、抛皮球等，这种身体上的快乐进一步带给幼儿心理上的愉悦感。《指南》中指出"要提供丰富的便于幼儿取放的材料、工具或物品，支持幼儿进行自主绘画、手工等艺术活动。"因此，我把玩色和玩皮球结合起来，设计了"球宝宝滚滚"这个活动。

在绘画活动中，为了发挥孩子们的主动性和创造性，我认真思考活动中的每一个环节。在活动开始部分，为了激发幼儿的兴趣，设计了抱着球宝宝去游泳比赛的情景。为了增添趣味性，添加了不同形状和不同材质的游泳池、游泳

圈等，对于桌子的摆放是环形还是 U 形、颜料的盛放方法等进行反复实验，确保活动顺利进行。

美术活动之所以备受孩子们的喜欢是因为它既是一种游戏，也是一种轻松愉快的活动，还是一种再创造活动。《指南》中指出，这些游戏所带来的体验，正是扩充着幼儿世界的"发展体验"，这种"发展体验"引导着他们对生活中美的事物的探寻和追求。通过玩色游戏，孩子们能在绘画过程中愉快地感受直线、曲线、波浪线等基本线条的特点，体验创造的快感，而且对美术活动也产生了浓厚的兴趣。

（作者：王淑红，本文荣获北京市第八届"京研杯"教育教学研究成果三等奖）

35. 如何在幼儿园体育教学中巧妙应用儿歌？

儿歌是一种口头韵文，读起来朗朗上口、便于记忆。它是幼儿将所学内容本身转化为动作记忆的最便捷、最直观的形式。

3～6 岁幼儿正处于身体生长发育时期，肌肉弹性较差，小肌肉群比大肌肉群发育较晚，儿童的动作不够准确，下肢动作灵活性、协调性较差。因此在体育教学中给幼儿最便捷、最直观的方法，让幼儿从观察思考和语言提示中得到启示，得到锻炼。在体育教学中有意识地利用儿歌这种教学方法，对于爱说爱唱的幼儿来说尤为喜欢。他们能很快地学会、记忆所学内容。这种形式给幼儿带来"我学会了"的愉快，"我成功了"的喜悦，"我胜利了"的开心和自豪，使幼儿在活动中获得成功。

儿歌既可以在上课伊始作为复习动作技能时使用，也可以在课程中用作规范常规使用，还可以在新授课时，师生一起根据动作技能，共同体验"学中说、说中学、说中做"的乐趣。通过儿歌的方法，延长幼儿有意注意持续时间，提示幼儿学习的要领，从而使他们在轻松愉快中养成习惯，而且还能使他们更好地学习、掌握动作和基本技术技能。

一、利用儿歌为幼儿良好习惯的养成服务

体育课堂常规是规范体育课的必要条件。幼儿年龄小，自控力差，而良好的常规是幼儿有序学习和生活的保障。教师必须严格认真，坚持不懈地抓好体育课堂常规教育。尤其是要抓好整队集合、服装、精神状态、礼貌行为、组织纪律、幼儿守则、场地器材的布置与收拾等常规训练与教育。在教学中，尤其是新教师更要严格要求，反复训练，使幼儿将良好的习惯变成自觉行动，以保证体育课安全顺利的进行。

二、利用儿歌激发幼儿学习兴趣，提高课堂学习效果

兴趣是最好的老师，是一种方法、一种手段。针对不同的幼儿要采取不同的方式，也就是如何让幼儿积极主动、心情愉快地接受教育这一种手段，而不是强制性的、命令的方式使幼儿必须去服从的形式。

比如兔跳、蛙跳、袋鼠跳、立定跳等，虽然都是跳，但动作要领的重难点是不同的。因此，不同的跳法应依据其动作要领的重难点来创编儿歌，将其置于不同的游戏情景之中，辅之以不同的器械。如儿歌《袋鼠跳》："我用布袋做游戏，双腿放进布袋里。双脚一定要并齐，手抓布袋向上提。屈膝蹬腿连续跳，小小袋鼠笑嘻嘻。"（可设置"石块""树林"等障碍以增强趣味性）又如儿歌《立定跳》："两脚稍分自然站，两臂后举腿稍弯。蹬地摆臂向前跳，跳过小河去探险。"

在围绕动作要领创编儿歌时，我们力求做到"突出要领、简短易记、朗朗上口、活泼有趣"。如为练习幼儿躲闪能力而设计的儿歌游戏"赶小鸭"。教师在场地中用线绳围一个大圈当做池塘，教师手执竹竿，并伴以儿歌："太阳就要落山了，小鸭小鸭快回家。贪玩的小鸭不听话，看见竹竿躲开它。如果竹竿碰到你，快快上岸去休息。赶呀赶，赶小鸭，我的小鸭快回家。如果竹竿碰到你，快快上岸去休息。"这样把"躲闪"的动作要领以儿歌游戏的形式来呈现，能够调动幼儿参与活动的主动性、自觉性。

在动作要领教学的过程中，还要根据幼儿发展的水平和个体差异来设计儿歌游戏，做到从易到难，层层递进。如运球走是中班幼儿冬季锻炼的内容之

一，为了让幼儿熟练掌握原地连续拍球的动作，教师设计了"让皮球跳舞"儿歌游戏："我有一个大皮球，拍一拍，跳一跳，拍得重，跳得高，拍得轻，跳得低，一拍一跳真有趣。"在游戏中通过语言提示和不断练习，幼儿很快掌握了拍球的动作。在此基础上，教师又设计了"带着球去旅游"的拍球走的儿歌游戏："球儿是我的好朋友，一拍一跳跟我走，拍一拍，走一走，带着球儿到处游……"

三、利用儿歌为幼儿形成体育动作技能服务

新课程背景下，提倡以幼儿为主体，教师为主导，充分调动幼儿的主动性和积极性。教师应随着教学活动的变化，适当添加趣味性强的教学方式，帮助幼儿理解，提高课堂学习效率。在安排持轻物掷远这一教学内容中，打破以往的教师教幼儿学的惯例，而是将动作方法编成儿歌："沙包拿在手，两脚分前后。屈肘肘向前，快速向前投。"儿歌节奏极强，语调别具特色，幼儿随教师的说唱边打节奏边说，并开展小组间的竞赛，对语言、节奏准确的小组给予适当的奖励，幼儿们参与竞赛的兴趣高涨。整堂的语言实践活动充满了乐趣和竞争性，师生间的情感交流融于其中，达到了预期的目的。使课堂教学的综合性、实践性、趣味性、应用性得到进一步加强，幼儿的学习就会收到事半功倍的效果。

教师在课堂上要多指导、多帮助、多练习，使他们掌握动作方法。儿歌这种形式就很好地为幼儿学习提供了帮助，调动幼儿学习的积极性，培养幼儿的参与意识和实践能力，使幼儿在轻松、愉快的课堂气氛中既掌握了技术动作又提高了基本活动能力，还提高了学习的兴趣。例如，在教立定跳时，把动作要领编成"一摆二蹲三跳起，快速蹬地展身体，收腹提膝伸小腿，后跟着地向前起"的儿歌。

总之，通过儿歌，幼儿不仅可以记住体育动作技能技巧，而且还创造了一种充满韵律的课堂节奏。幼儿一边活动一边说，发挥幼儿的主体性，促进幼儿生动、活泼、主动的学习，促进幼儿素质主动协调发展，激发幼儿的学习兴趣，为幼儿提供相对宽松的发展空间，为幼儿身体素质的提高创造更加广阔的天地。

（作者：张瑜，本文荣获北京市"十二五"时期幼儿教师培训优秀成果三等奖）

36. 如何开展小班游戏化体操？

《纲要》指出："培养幼儿参加体育活动的兴趣和习惯，增强体质，提高对环境的适应能力。用幼儿感兴趣的基本动作，提高动作的协调性。"通过体操活动能够培养幼儿积极参加体育锻炼的良好态度与习惯，使幼儿生活更有规律。小班幼儿最喜欢游戏，有意注意时间短，注意力易转移，根据小班幼儿特点，教师应该把体操变成幼儿喜爱的游戏，抓住幼儿兴趣，使幼儿在快乐的体操游戏中达到身心健康发展的目的。在开展小班体操活动时可以从以下方面入手：

一、选择富有童趣的音乐吸引幼儿注意

体操的背景音乐很重要，因为它贯穿体操活动始终，能激发幼儿的兴趣，调动幼儿的情绪。音乐的旋律、节奏节拍的变化能起到提示幼儿体操内容和动作形式的变化，选择好的音乐对整个体操是否能抓住幼儿注意、积极做操有着至关重要的作用。

一段好的音乐应该具有节奏鲜明、欢快悠扬的特点，从而可以培养幼儿的乐感和节奏感，给幼儿以美的熏陶，因此在选择音乐时一定不要盲目选择音乐，要耐心寻找幼儿喜爱的、熟悉的、旋律优美的、节奏明快的歌曲。如用幼儿熟悉的动画片主题曲《喜羊羊与灰太狼》和《哆啦 A 梦》等，或幼儿喜爱的现代儿童歌曲《嘻唰唰》、传统歌曲《小毛驴》《牛奶歌》等。小班幼儿是具体形象性思维占主导，而且注意力集中时间短，选择的音乐要轻快、简洁，并能用动作肢体和歌合并最好不过，伴随儿歌，或在做操时加入幼儿的口号，这样有利于幼儿身体健康又能引起幼儿注意，使做操更有力度，准确性更强。例如动感强、节奏明快、内容诙谐的《两只老虎》《可爱的猪猪》，歌词和动作比较一致的《我爱圆圈圈》《小手拍拍》《我爱蹦蹦跳》，有儿歌时可以和孩子一起边说边做，能够提高幼儿做操的兴趣。

二、根据幼儿年龄特点编排活泼有趣的动作

3～4岁幼儿肌肉纤细、肌肉能量储备少，非常容易疲劳，再加上他们的关节韧带松弛，所以往往不容易伸直肢体，一会儿就累了，不愿意做了，因此教师为小班选择创编操时，要注意动作形象有趣、难易适宜、多重复、易于模仿，符合幼儿兴趣，最好与游戏结合，设计一定的情境和情节，整个做操过程就是一个游戏的过程，幼儿也就乐此不疲。

小班体操活动时间以8～10分钟为宜，体操的开头应该先集中幼儿注意力，开场音乐节奏鲜明，动作简单重复，例如《火车开了》，幼儿学着开火车的游戏形式上场围成圆圈。在幼儿做好准备活动后，进行基本动作的练习。编排操节要本着由上至下、由局部到全身、运动量由小到大的原则。由于小班幼儿神经中枢的发育及肢体动作的发展还不完善，上肢与下肢动作的配合协调性较差，接受和掌握动作能力较弱，因此在创编动作时，动作要尽量简单。上肢在摇动的同时，下肢动作不要太大，例如下肢动作多运用小碎步、小跑步、双脚齐跳等简单步法；上肢多运用上举、侧平举、前平举等简单动作。如做简单的律动《小小蛋儿把门开》《太阳眯眯笑》《踢踢踏》和《牛奶歌》。小班幼儿初学体操，动作简单易学，可以避免产生恐惧感。随着幼儿动作水平的发展，可鼓励幼儿做操要用力，逐步达到节奏准确。在幼儿全身活动开后可以加入游戏，增强幼儿参与的积极性。例如《找朋友》，乐曲分两遍，幼儿一遍在圆圈上，一遍在圆心内互相挥手打招呼和说再见；在《快乐的小马》音乐伴奏下，幼儿做挥马鞭动作去找妈妈，根据幼儿兴趣可以学马跑、向前跳，模拟小马翻过山越过河。在游戏中幼儿之间、师幼之间能有效互动，幼儿情绪愉快，能更好地参加体育锻炼，达到促进身体发展的目的。在幼儿充分活动后，最后应编排放松和整理活动，使运动量逐渐降下来。如可以放轻松欢快的《母鸭带小鸭》，幼儿变成快乐的小鸭子和鸭妈妈学做扇动翅膀游泳、走路、捉鱼等动作，最后自然退出。

三、以模仿操为主要形式，注重幼儿良好品质的培养

小班幼儿模仿性很强，而模仿的对象也要贴近幼儿的生活，如小动物模仿操、生活自理模仿操等。通过体操活动培养了幼儿集体意识和遵守规则的优良

品德，还使幼儿大胆展现自我，培养自尊心和自信心。

小班幼儿思维具有泛灵论特点，他们往往把小动物当成和自己一样有想法、会说话的朋友，因此很喜欢模仿各种小动物。如小小智慧树里的歌表演《小花猫》，幼儿都见过小猫，跟着音乐学小花猫捋胡须、捉老鼠、吃小鱼等，学习小花猫爱劳动的品质。又如《小动物模仿操》每节操都模仿一种小动物，请幼儿自己模仿小动物的动作，孩子们都纷纷动起来，变成勇敢的小海鸥，飞得高来飞得远；变成大象伯伯慢慢走，伸伸脖子仰仰头；又变成小花猫喵喵叫，摇摇脑袋舔舔毛等。在模仿各种小动物的动作外，还学习了小动物们不怕辛苦不怕难、讲文明懂礼貌等各种良好的行为习惯。此外小班幼儿虽然缺乏生活自理经验，但有喜欢模仿的学习特点，根据小班幼儿生活化的游戏方式，我们还可以结合幼儿生活需要开展日常生活模仿操。如模拟坚持早早起床、穿衣穿鞋、刷牙洗脸梳头和上幼儿园的生活习惯。也可以和幼儿模拟洗澡，把洗澡变成有趣的事，鼓励幼儿天天洗澡，养成讲卫生的好习惯。

四、发动家长力量共同参与游戏化体操

《北京市贯彻〈幼儿园教育指导纲要（试行）〉实施细则》中指出："家庭与幼儿园共同担负着促进幼儿身心健康发展的重任。"要让孩子快乐参与体操活动，教师除了设计编排幼儿感兴趣的体操，在日常带操时精神饱满，动作到位，感染幼儿外，还要充分发挥家长的作用。尤其是小班孩子刚入园，孩子、家长和老师都还不熟悉的时候，通过组织家长观看幼儿体操活动、亲子做体操等活动，又增进了家园良好的关系。

家长力量体现在以下两方面：一是支持幼儿积极参与体操活动。教师要帮助家长认识到体操是锻炼身体的重要方式，可以培养幼儿参加体育活动的习惯，促进幼儿身体发展。家长要坚持每天按时送孩子上幼儿园参加早锻炼，还可以在队伍的后边和孩子一起做早操，俗话说得好："榜样的力量是无穷的。"特别是寒冷的冬天，家长更要鼓励孩子勇敢、不怕困难、坚持不懈把早操进行到底。二是配合幼儿学习体操活动。教师给家长介绍体操的内容，还可将做操音乐或视频发给家长，鼓励孩子在家给家人表演，还能让孩子教爸爸妈妈做操，帮助幼儿熟悉体操的动作和节奏。这样既锻炼了身体，还加深了亲子感情，幼儿在其中还能体验到更多的自信和快乐。

在《纲要》精神的引领下开展小班游戏化体操，幼儿能积极参与体操活动，并得到快乐的体验，幼儿在快乐的体操游戏中增强了体质，提高了综合素质，为今后的发展打下良好的身体基础。

（作者：蔡立华，本文荣获北京市第五届"智慧教师"教育教学研究成果三等奖）

37. 如何利用游戏活动促进小班幼儿的动作发展？

《纲要》中指出："幼儿在游戏中生活、在游戏中学习、在游戏中成长，以游戏为基本教育活动成为幼儿教育的特色。"同时幼儿动作发展是身体机能发展状况的重要表现，并与幼儿心理的发展具有内在联系。不仅如此，幼儿动作的发展还是适应社会生活必备的基本能力。幼儿阶段是动作发展的重要时期，因此利用游戏活动帮助幼儿获得动作发展是尤为重要的事情。

幼儿的动作发展包括了大肌肉动作和小肌肉动作的发展。动作发展从身体素质的角度提出了幼儿在大肌肉动作方面要"具有一定的平衡能力，动作协调能力、灵敏和具有一定的力量和耐力"。小肌肉动作方面主要是"手的动作灵活协调"。我们在一日生活中，利用游戏促进幼儿的大肌肉动作和小肌肉动作的发展。

一、利用游戏促进幼儿大肌肉动作的发展

《指南》中小班幼儿大肌肉发展的目标是："能沿地面直线或在较窄的低矮物体上走一段距离。能身体平稳地双脚连续向前跳。分散跑的时候能躲避他人的碰撞。能单手将沙包向前投掷 2 米左右。能快跑十五米左右。"

很多幼儿在练习沿地面直线或低矮的物体上走时，会出现走不直或在低矮物体上不敢走、掉下来的情况。面对这些情况，教师不仅仅要鼓励幼儿，更多的是利用游戏解决。可以利用游戏情景，在直线上贴上小老鼠尾巴的图片，引

导幼儿"小花猫们快快踩住老鼠的尾巴，一脚前一脚后踩住不松脚，不要让小老鼠跑掉。"在游戏中帮助幼儿练习沿直线走，锻炼幼儿的平衡能力。

幼儿在练习能身体平稳地双脚连续向前跳时，幼儿会出现不敢跳怕摔倒或者不会跳的情况，如何帮助幼儿呢？也可以利用游戏，创设情境小兔过河，"你们是勇敢的小白兔，要跳过这条小河摘萝卜喽，小胳膊摆起来，小脚并拢勇敢跳过小河。"利用游戏情境，幼儿们逐渐勇敢地向前跳。根据幼儿的发展情况，还可以调整河的宽窄，既增强了幼儿的自信心，同时也为小朋友们加大了挑战性。

幼儿在练习分散跑时如何能躲避他人的碰撞呢？可以利用游戏"小猪盖房子"，将小猪躲避大灰狼分散跑融合在游戏中。"小猪们快跑，看看谁跑得最快能躲避大灰狼，"在游戏中和幼儿讨论躲避的方法，我们得出了跑的时候小猪眼睛最闪亮，眼睛看前方不与其他小猪撞。幼儿边游戏边掌握分散跑的躲避方法。

还可以利用游戏帮助幼儿能单手将沙包向前投掷 2 米左右，能快跑 15 米左右，培养小班幼儿具有一定的力量和耐力。幼儿在练习单手将沙包向前投掷 2 米左右时，幼儿兴趣不高，我便利用游戏打大灰狼，看看谁能够最先打中大灰狼。这样不仅激发了幼儿的兴趣，也锻炼了幼儿的力量。幼儿在练习快跑 15 米的时候，跑着跑着就没有力气了，可以创设游戏情境接力跑，加油看看哪一组小朋友先跑完。

二、利用游戏促进幼儿小肌肉动作的发展

《指南》中小班幼儿的小肌肉发展目标是："能用笔涂涂画画。能熟练地用勺子吃饭。能用剪刀沿直线剪，边线基本吻合。"也可以利用游戏的形式帮助幼儿获得小肌肉的发展。

近期幼儿对球特别感兴趣，我便在美工区投放了几个球和画好球的图片，请小朋友来装饰。可是，只是生硬地让幼儿去给球涂色，幼儿是没有兴趣的，给幼儿创设游戏情境，幼儿的兴趣就不一样了。"小朋友们都穿得这么漂亮，球宝宝没有漂亮衣服怎么办？你们能不能帮帮它？给它也穿上漂亮的衣服啊？"这个时候幼儿会很愿意参加涂色活动。在游戏中涂涂画画，锻炼手部动作，发展小肌肉。

在吃饭的时候，如何让幼儿熟练地用勺子吃饭呢？游戏性语言是最好的办法。例如幼儿在吃饺子的时候，说"小医生快快握好手术刀给白肚皮做手术

了。小手变成八，中指再出发，握紧小勺子，我们手术了。"幼儿可高兴了，在反复练习中不仅能够熟练地使用小勺子，也锻炼了手部动作的灵活性和协调性，发展了小肌肉动作。

在使用剪刀时，如何让幼儿使用剪刀沿直线剪，边线基本吻合呢？我会利用儿歌"我来变个大老虎，张大嘴巴咬下去，一口一口全吃光。"幼儿们边说边剪，一边用力把剪刀撑开，一边张嘴，好像真得要吃光。鼓励幼儿在游戏中学习正确使用剪刀。

根据小班幼儿的发展现状，结合《指南》发展目标，可以利用各种的游戏形式，如游戏化语言、儿歌游戏、游戏情景等培养幼儿进行动作练习和训练，经过练习，幼儿的动作都得到了发展。可见游戏是培养幼儿动作发展十分重要的手段。

（作者：侯梦涵，本文荣获北京市第五届"智慧教师"教育教学研究成果三等奖）

38. 如何培养小班幼儿的生活自理能力？

《指南》中强调"健康是指人在身体、心理和社会方面的良好状态。幼儿阶段是儿童身体发育和机能发展极为迅速的时期，也是形成安全感和乐观态度的重要阶段。发育良好的身体、愉快的情绪、强健的体质、协调的动作、良好的生活习惯和基本生活能力是幼儿身心健康的重要标志，也是其他领域学习发展的基础。"作为小班幼儿，要想成为一个独立的人，需要从学习生活开始。生活自理能力是人类适应社会生活最基本的能力之一，因此，从小班幼儿开始培养尤为重要。

一、通过生动形象的集体教育活动学习各项生活技能

《指南》中要求"指导幼儿学习和掌握生活自理的基本方法，如穿脱衣服、洗手洗脸、擦鼻涕、擦屁股的正确方法。"小班幼儿的思维是直觉行动思维，

为了让幼儿学得轻松愉快，可以运用形象生动的集体教育活动，使幼儿乐于学习并提高生活自理能力。如小班幼儿在刚入园洗手时，时常是糊弄一下或是洗也洗不干净，甚至把袖子都弄湿了。根据这一情况，可以面向全体幼儿开展生动形象的集体教育活动。以小猴子爬大山的故事引入，请幼儿一起边说儿歌边和教师动手操作。"手心搓手心，搓出沫沫白花花。手心搓手背，搓出沫沫白花花。小猴子爬大山，爬呀爬，爬到山尖了。哎呀，掉进山谷里。跳呀跳，跑呀跑。终于跑出了山谷。"幼儿们兴致勃勃地反复练习，很快就掌握了洗手的方法，并且每次洗手时都能边说儿歌边把手洗干净。

二、通过游戏培养幼儿的生活自理能力

《指南》中强调要"提供有利于幼儿生活自理能力的条件。"爱玩游戏是幼儿的天性。抓住这一特征，可以为幼儿提供游戏的机会，让幼儿在游戏中提高生活自理能力。比如，在益智区投放一些用茶叶筒制作的大嘴巴小动物，放置若干的图形饼干，幼儿可以做给小动物喂饭的游戏，在游戏过程中练习正确使用勺子。同时在娃娃家投放布娃娃和各种样式的衣服鞋袜等，以游戏的形式让幼儿在娃娃家练习给宝宝穿脱衣服、系扣子、拉拉链、穿脱鞋子。在每个区域都在玩具框和玩具柜上贴上小动物图案，玩完玩具根据小动物图案把它送回家。在游戏中幼儿的手眼协调能力得到发展并锻炼了小肌肉，幼儿的自理技能得以巩固和强化。

三、通过一日生活的各个环节鼓励幼儿进行生活自理能力的练习

《指南》中强调要"鼓励幼儿做力所能及的事情，对幼儿的尝试与努力给予肯定，不因做不好或做得慢而包办代替。"可以抓住日常生活中每一个可以利用的机会，为幼儿提供学习、锻炼和发展的机会。在幼儿完成时，及时给予鼓励与表扬。如每天来园时，鼓励幼儿自己动手脱外衣，叠好后放到自己的衣柜里；午睡前后，让幼儿自己穿脱衣服和鞋袜。特别是午睡前的一段时间，对穿脱衣服困难、动作慢的幼儿重点加以指导，给予鼓励，"今天比昨天还要棒，继续加油。"并进行"看谁穿得好"的游戏竞赛，表扬有进步的幼儿。通过日常生活中持之以恒的练习，大部分幼儿都可掌握这些生活技能。

四、做好家长工作，形成家园一致的教育

小班幼儿生活自理能力的培养仅在幼儿园还不够，还需要家园一致的教育。为此，可以通过家长会向家长宣传幼儿生活自理能力培养的重要性，希望家长在家中为幼儿创设自己动手的条件，让幼儿自己的事情自己做。在家园宣传栏和微信群里向家长介绍经验并且及时反馈幼儿生活自理能力的情况。这样不仅可以增进家园之间的信任，还能为幼儿的成长打下坚实的基础。

（作者：侯梦涵，本文荣获北京市第七届"京研杯"教育教学研究成果三等奖）

39. 如何培养小班幼儿的饮水习惯？

水对于人来说是非常重要的，众所周知，水在人体中所占比例是非常高的。那么对于小班幼儿来说，更为重要的是让幼儿主动饮水，这一直以来也都是家长们关心的重点。那么幼儿园应如何培养小班幼儿的饮水习惯呢？

一、运用游戏养成习惯

《幼儿园工作规程》中明确指出"游戏是对幼儿进行全面发展的重要形式。"游戏是具有活动性、趣味性和自主性等特点的活动。游戏能给幼儿带来无限的乐趣和身心满足，幼儿十分喜欢参加游戏活动。

如刚刚升入小班的幼儿，他们还没有适应陌生的环境，但在集体生活中又需要养成一定的习惯，快乐的饮水环节是情景式的游戏活动，让幼儿在情景中学会等待，学会轮流。因此利用场景故事《小汽车不走了》的形式让幼儿感受到没有油汽车就不能走了，并引导幼儿将爸爸妈妈给汽车加油的真实情景再现出来，鼓励幼儿将其迁移到幼儿自己的小汽车没油了，怎样加油。在讨论中孩子们知道了多喝水就是在为我们的小汽车加油，于是孩子们和老师一起开着小汽车拿着水杯来到饮水机前准备加油。随之而来的是幼儿怎样懂得排队等候，

于是教师又用游戏的口吻说："不好了，堵车了怎么办？"爸爸妈妈们开车时堵车了怎样办？通过讨论孩子们知道了自觉地进行排队，一个跟着一个接水喝。接完水的小汽车与老师一起靠右行驶开到停车场喝水。这样在小汽车加油的游戏中孩子们懂得了许多规则。如人多了需要排队，汽车要靠右行驶，在人多的地方不能倒车，同时还知道了喝水的重要性。

二、运用儿歌掌握方法

儿歌是一种为幼儿创作的符合这一年龄阶段的幼儿心理特点和欣赏趣味的，易读易说易唱的诗歌形式。它篇幅短小，内容浅显并特别重视节奏、声韵的关系。因此在幼儿园的教育活动中常常采用儿歌的形式来引导幼儿形成习惯。开学初可以针对幼儿在喝水环节中容易出现的问题创编儿歌，幼儿在园中第一次接触小水杯，当让幼儿喝水时发现他们有的双手捧着，有的单手托着，方式多种多样，于是我针对幼儿拿水杯的方法创编了儿歌。

拿水杯方法：小水杯，你们好/你是我的好伙伴儿/一手握住杯子把儿/一手握住杯子底儿/水杯离开小肚皮/快快排队来喝水。

排队喝水：小汽车来加油/挤在一起怎么走/快快来把队来排/不推不挤好朋友。

喝水儿歌：手拿小水杯/我们来接水/开着小汽车/来到停车场/一口一口慢慢喝/健康又美丽。

朗朗上口的儿歌让幼儿很快就懂得了喝水的各项规则。偶尔忘记了，教师只要一说起儿歌，孩子们立刻就意识到了自己的问题，及时改正过来。尤其是班级中几个不爱喝水的孩子总是趁老师不注意就放回杯子不喝水，他们听到教师与其他小朋友一起边说儿歌边喝水，兴趣也来了，也跟着一起来喝水。慢慢地，孩子们由开始的被动喝水逐渐转到我要喝水。儿歌让孩子们在感受语言美的同时满足了喝水的需求。

三、运用环境促进幼儿喝水

《纲要》中曾提到"环境是重要的教育资源，应通过环境的创设和利用，有效地促进幼儿的发展。"著名的教育思想家瑞吉欧也提出了"墙壁会说话"的观点。

1. 墙壁的暗示。小班的幼儿不认识文字，但他们对图非常感兴趣，如何让墙壁暗示，鼓励幼儿积极主动地喝水呢？孩子们来到幼儿园到底每次需要接多少水？接完水应该到什么地方来喝水？都是我们应该考虑的问题。老话长谈对于幼儿来说是一耳听一耳冒，他们根本不理会教师的苦口婆心。利用环境可以更加有效地进行引导。于是可以在饮水机上贴上小狗喝水的图例，小狗的水杯里有 2/3 杯水，孩子们一看就知道每次接到水杯的什么位置。同时在饮水机前幼儿排队接水的空位置上贴上小汽车，引导幼儿学会一个跟着一个排队接水。接完水的小朋友会根据箭头的指示将自己的小汽车开到停车场里来喝水，真正做到让"墙壁会说话"。

2. 墙壁的互动。互动式墙饰对我们来说并不陌生，如何让幼儿与墙饰动起来一直是我们研究的目的。不应该仅停留在环境的美观上，更重要的是体现在互动性上。很多的墙饰都是幼儿在教师的引导下操作，幼儿的兴趣并不浓，当教师不注意时幼儿就会偷懒不喝水，或者少喝水。针对此种现象，可以利用孩子们喜欢的小鱼创设"小鱼游游"的互动性墙饰。小鱼的肚皮上有幼儿的名字和照片，在小鱼的背面粘贴上吸管，再将鱼线穿上并固定在墙面上，这样一条可以游动的小鱼就做好了。幼儿每喝一杯水，贴有自己名字的小鱼就可以向前游一格，比一比谁的小鱼游得最远。这样孩子们都希望自己的小鱼游在第一，于是只要老师一组织幼儿喝水，他们就争先恐后地排队去喝水。这样教师很容易了解到幼儿一天的饮水量，只要看看小鱼游到的位置就知道了。家长在接幼儿离园的时候也可以知道幼儿一天的饮水量。

四、注重个体差异，随渴随喝

在培养幼儿喝水习惯的同时，还要注重个体差异，培养他们随渴随喝的习惯。为此可以制作幼儿喝水调查表。通过家长的反馈我们基本掌握了幼儿喝水的不同需求。班上保教人员的一致配合是非常重要的，大家做到要求一致，共同了解和及时掌握幼儿的情况和变化，努力掌握不同孩子的特点，哪些贪玩，哪些动作慢，谁知道要水喝，谁不爱说话，谁不爱喝水以及刚病愈等，做到心中有数，能有针对性地细致照顾好每一个孩子。幼儿因活动量大小、饮食结构、身体状况等不一样，定时喝水未必能满足所有幼儿对水的需求，他们随时有渴的可能，所以要让幼儿养成随渴随喝的习惯。

五、家园共同配合，促进幼儿饮水习惯的养成

我们曾经看到幼儿在园已基本适应了喝白开水，可是每当家长接孩子离园时，大都是拿出一瓶饮料给幼儿喝，甚至有的家长还把饮料装在奶瓶里。这样的教育不是完全脱节吗？如何让家长与我们共同培养幼儿的习惯呢？

1. 集思广益，畅所欲言。对此可以将疑问发到了班级的微信群中，请爸爸妈妈们畅所欲言，在微信群中家长们也说出了自己的感受，有的说孩子在家喝水量要比幼儿园喝的多，于是就在接孩子时再喝点；也有的家长说天气干燥，担心孩子上火生病，就多喝水。说到解决问题时，家长们也非常配合，为此我及时召开了全班幼儿家长会，向家长讲解了我们的教育目标及其重要性，得到了大部分家长的认可，他们表示会积极配合。

2. 及时记录，及时反馈。为了让家长了解幼儿在园中喝水的情况，可以制定幼儿日常活动的表格，将幼儿喝水、进餐等记录下来并展示给家长们，让家长及时了解幼儿的情况。同时针对个别家长没有时间接送幼儿的情况，利用网络作为家园交流的平台，对幼儿每日的饮水量以及幼儿在家的饮水习惯进行了解，向家长及时反映幼儿在园中饮水情况。同时上传一些饮水的保健知识，也利用家长的资源共同搜索信息。如"宝宝喝水学问多"，家长从中了解了许多较为科学的知识，同时也对比、反思了自己的行为。

（作者：穆波，本文荣获北京市第八届"京研杯"教育教学研究成果三等奖）

40. 如何有效缓解新入园幼儿的分离焦虑？

新生入园时，孩子从一个温暖而又熟悉的小家庭跨入一个陌生的环境中，从有着超强的优越感跌落到要和二十几名同龄人共同生活的局面。不管从心理的依赖，还是对陌生环境的恐惧，都会使孩子产生入园的不适应，出现分离焦虑。《纲要》中明确指出："幼儿园必须把保护幼儿的生命和促进幼儿的

健康放在工作的首位。"在重视幼儿身体健康的同时也要高度重视幼儿的心理健康。本文从分析分离焦虑产生的原因、解决问题的对策和思路两个方面进行阐述。

每年的 9 月，在所有的幼儿园都随处可以听到孩子的哭声，这些情况所表现出来的不安可能是幼儿对陌生环境和陌生人的不安，可能是失去亲人依靠的不安，可能是对于接下去发生的事情的不安，种种不安就会在孩子的情绪上表现出来，我们把这种表现称之为"分离焦虑"。那么面对孩子与亲人分开时所产生的一系列的情绪反映，作为老师，我们应该如何去帮助他们渡过这段分离焦虑期，让孩子更快地融入幼儿园的新集体中呢？

一、分离焦虑形成的原因

入幼儿园是每个孩子成长道路中一个不可缺少的环节，第一次和最亲的人长时间的分离，心里会有不安全感和对陌生环境的恐惧，而这对刚入园的孩子来说意味着重大的考验，却也是必须经历的一个过程。孩子出现分离焦虑的原因主要有以下几点：

1. 环境变化产生的焦虑。每个孩子都出生在不同的家庭中，在不同的家庭环境中成长，很长一段时间的生活和适应已经让幼儿对一个固定的环境形成概念。突然一下子要改变这个熟悉的环境，孩子们对幼儿园的各个紧扣活动环节和生活常规感到陌生和不安，无法找到熟悉的习惯和环节让幼儿对新环境、各种生活习惯不适应，从而产生了分离焦虑。

2. 依赖产生的焦虑。对亲人依恋是表达情绪和情感的一种方式，是从需要依赖成人生存到可以自己独立的过程。现在的孩子受到家长们的宠爱甚至是溺爱。所有怕孩子做不好、不会做、怕受伤的生活上的问题都由家长安排得妥妥当当。到了一个陌生的环境中，没有了亲人的依靠，没有了家人的照顾，没有人帮助这些完成生活上遇到的问题，环境的变化和自身的变化让幼儿在心理上产生了不同程度的压力，孩子们就会紧张，会出现各种情况，所以基本的生活自理能力和自我服务能力也是产生分离焦虑的一个因素。

二、解决问题的对策

"分离焦虑"是孩子与亲人分开时产生的一系列的焦虑情绪，包括哭闹、抽泣、沉默无语、沉闷、烦躁、爱发火、急躁，有的甚至生病（感冒、发烧、咳嗽等）。不仅会影响新生在适应幼儿园环境时间上的长短，还会产生心理上的压力，不利于幼儿良好性格的养成和交往能力的发展。每个孩子都生活在不同的家庭环境中，受家庭教育的影响也形成了不同的气质类型，了解清楚幼儿会产生分离焦虑的种种原因后，根据原因来选择对策。

（一）准备充分，消除陌生感

1. 入园前的精神准备。学校可以提早为即将入园的幼儿准备亲子早教，让幼儿在亲人的陪伴下熟悉学校的环境和将要生活在一起的老师。

家长可以带孩子到即将要上的幼儿园里参观在园幼儿的生活活动，并适时参与在园幼儿的游戏活动，这可以使幼儿的认识趋于清晰。

家长在家里应该让孩子学习从小事做起，逐渐培养他们的生活自理能力和独立意识，如穿脱衣服、认识自己的物品、自己吃饭、自己如厕、与成人分开睡觉；能够向成人提出自己的需求；鼓励幼儿在众人面前说话，表达自己的意愿等，不要做孩子的"包办者"和"满足者"。

要积极创造条件，让孩子接触、了解外面的世界，同周围条件相似的家庭建立联系，使孩子有机会与同龄人游戏和交流，促进其社会化的萌芽。

2. 入园前的心理准备。事先做好家访，让幼儿在一个自己熟悉的环境里与老师游戏、交谈。在交谈的过程中有意无意地告诉幼儿一些幼儿园的游戏活动，激发幼儿的向往和欲望。在将来入园的时候可以有个相对比较熟的人，可以有精神依靠，减少幼儿的分离焦虑。

家长要灌输积极向上的内容，告诉幼儿到幼儿园是要自己学习本领，认识好朋友和玩游戏的地方，使孩子对幼儿园有一个大概的了解和认识。不要灌输负面内容，如"你不听话就不来接你""不听话让老师打你""不听话让老师关起来""老师会撕你耳朵"等，这会让幼儿产生"幼儿园恐惧症"。

3. 入园后的精神准备。让入园情绪稳定的孩子带领情绪不稳定的孩子一起游戏，尽快熟悉生活常规和其他活动。如在游戏前灌输孩子参加的快乐，吃饭后要进行午睡等，让幼儿熟悉和习惯每天的生活环节，内心的不安和紧张感就会逐渐减退。

入幼儿园的时间要逐步延长，刚入幼儿园的一段时间，适时减短幼儿的在园时间，家长迟送早接，使孩子和父母分离的时间短一些。经过一段时间的适应后慢慢拉长接送的时间，让幼儿更好地熟悉幼儿园的生活常规。

幼儿的分离焦虑时间、程度往往是由家长决定的。有些父母对孩子、幼儿园不放心，等孩子进入班级后还要窥探，甚至在孩子情绪不稳定的几天就不送孩子去幼儿园，家长的这些做法只会增加孩子适应幼儿园环境的时间，应该相信老师和幼儿园，坚持天天送孩子去幼儿园，帮助孩子尽快适应新环境的生活。

还可以通过家园栏、主题墙等向家长展示班级的活动内容，让家长了解幼儿在园的活动及生活内容。通过多媒体形式，比如 QQ、微信等平台用新闻、照片、小视频的方式将幼儿在幼儿园内的生活反映给家长，让家长及时了解幼儿的进步。

通过半日活动、家长助教、家长就餐等开放形式有计划地邀请家长参与幼儿的活动，方便家长了解幼儿在园的情况，熟悉教师，从而放心幼儿在园的生活。

4. 入园后的物质准备。家长要为孩子入园准备以下材料。

衣服：为孩子准备日常所穿的衣服、裤子、袜子各一样。最好在衣裤上绣上孩子的名字，把它们装在袋子里，以备孩子尿床、尿裤或因活动弄脏时换用。

鞋子：为孩子准备一双特征明显的鞋子，刚入园的孩子经常会出现相互穿错鞋子的情况，一双特征明显的鞋子会更易于孩子辨认，在鞋子上贴上特别图案的不干胶也是一个好办法。轻便、合脚、不用系鞋带的鞋子是最适合孩子们做运动的。

照片：准备 8 张孩子的 1 寸照片，分别贴在孩子的茶杯、毛巾架、幼儿绘画作品或其他活动用品上，教室里贴有自己的照片，会给孩子们一种班级小主人的感觉。最好选用拍的比较端正的近期照片。再带一张全家福，以便孩子在想亲人的时候看看。

玩具和图书：为孩子准备几样在家常玩的玩具，如洋娃娃、汽车、飞机、玩具熊等，或孩子常看的图书，有熟悉的玩具在教室陪伴幼儿，使幼儿能更快地接受新环境。

如果幼儿有食物、药物过敏史，请及时告诉老师。如幼儿不舒服，需带药物入园时，请家长在带来的药物上做好标记，如幼儿姓名、服用次数、服用量等，以便老师更好地照顾孩子。

新生入园，帮助幼儿制作胸卡，写上孩子姓名和乳名，在活动中教师可以称呼孩子乳名，让孩子更有亲近感，更有利于孩子亲近老师。

（二）创设环境，消除心理抗拒

《纲要》中指出："环境是重要的教育资源，应通过环境的创设和利用，有效地促进幼儿的发展。"根据幼儿的年龄特点、活动需求以及教室空间布局等实际情况，让环境成为幼儿与人交往、展示创意、获得认同的重要场所。

根据幼儿的年龄特点，创设可爱童真的环境。环境是幼儿活动中不可分割的一部分，它在幼儿的生活、教育中起着重要的作用。如在主题墙上制作有关可爱的人物，鼓励孩子们来园时贴上自己的照片。

1. 根据幼儿的兴趣和需要，创设宽松舒适的生活化环境。小班幼儿具有直觉行动思维的特点，且认知经验水平有限，因此以大面积较鲜艳的色彩板块为主，如淡粉、淡绿、淡黄等创设出幼儿最熟悉、最直观、最能依恋的生活化环境，如在娃娃家投入幼儿喜爱的毛绒玩具，悬挂、张贴幼儿喜爱的卡通形象，让幼儿有家的感觉，在生活馆墙面上布置家人的照片，从而减少幼儿的分离焦虑，帮助幼儿更快地适应环境。

2. 根据幼儿对事物的好奇和探索欲，创设探索性的环境。尽量提供充足的、安全的玩具，通过探索活动可以帮助我们倾听孩子的心声，了解每个孩子的发展水平、心理特征和需要。如在益智区投放孩子感兴趣的玩具，在阅读区投入好看的书籍。

3. 家园共育，创设共育环境。在家园栏粘贴有关的温馨提示、活动安排、计划，帮助家长更好地了解班级情况和配合教师工作，使幼儿更快适应。

（三）采用多种方法转移幼儿情绪

情绪是影响幼儿的重要因素。而注意转移法是指把注意力从产生消极否定情绪的活动或事物上转移到能产生积极肯定情绪的活动或事物上来。所以情绪转移是引导幼儿稳定情绪的最好的一种方式。

1. 语言交流。语言是人与人沟通的直接桥梁，是最好的交往工具。幼儿在园时教师应多与幼儿交流，并鼓励幼儿主动与老师交流，通过交流发泄心里的不安，减少焦虑。离园后可以给老师打电话，熟悉老师的声音，对老师产生依恋。

2. 情感交流。有的孩子适应的能力稍差，希望得到更多的关爱，如没事多抱一抱、亲一亲、夸奖孩子的优点，教师的关爱会让幼儿觉得有亲近感，增进师生感情，减少幼儿分离焦虑。

3. 游戏转移。有的孩子性格比较稳重，从表情上无法看出，但内心是非常焦虑的。所以在刚入园时不要强求幼儿不哭，而应转移幼儿注意力，用游戏活动吸引幼儿，达到减少焦虑和化解焦虑的目的。

4. 诱导法。当幼儿出现分离焦虑时，我们应用诱导的方法，如"我们宝宝很勇敢的，今天就哭一下明天就不会哭了。""你看，我们班里有好多好玩的玩具呀。""你看，幼儿园里有好玩的滑梯，等下我们一起去玩好不好？"

5. 榜样示范法。树立好的榜样，鼓励幼儿积极模仿，并及时给予肯定和表扬。

幼儿分离焦虑的产生与转变对幼儿能否比较快地适应幼儿园的生活有着重大的意义。通过各方面的措施帮助幼儿尽快渡过分离焦虑期，将会为幼儿更好地步入社会打下良好的基础。

（作者：任秀玲，本文荣获北京市第五届"智慧教师"教育教学研究成果三等奖）

41. 如何在美术活动中培养幼儿良好的学习品质？

《指南》中指出，忽略幼儿的学习品质培养，只是一味地追求知识技能的做法是短视而且有害的。在学龄前阶段，培养幼儿的生活习惯和建立幼儿良好的学习品质，对幼儿一生的发展有重大的意义。美术活动就是养成良好的学习习惯的有效途径之一。

一、隐性的环境暗示，激发幼儿潜在的创造力

幼儿的艺术行为深受周围环境的影响，在幼儿园的环境中，墙面展示环境

作为隐性环境出现，它的影响不可忽视。和幼儿一起用图画和手工制品等装饰和美化环境。展示幼儿的作品，鼓励幼儿用自己的作品布置班级和幼儿园的环境，在创设美工区的时候，引导幼儿共同商量，精心的构思美工区的每个角落，让美工区成为幼儿表现的天地。从墙面到展示台，再到吊饰，对美工区都是一个很好的创作机会，幼儿能够大胆地进行创作，尽情地发挥幼儿的创造力。

二、注重活动的情景性，培养幼儿的创新能力

作为教师应该支持幼儿富有个性和创造力地表达，克服过分强调技能技巧的标准化倾向，激发幼儿感受美、欣赏美、表达美的情趣。让他们去体验自由表达和创造的快乐。引导他们在富有情趣的情境中，用他们独特的认知方式感受周围世界，并通过幼儿的想象编制他们希望的结果，创作出真正属于他们的美术作品。如中班绘画"美丽的春天"活动中，教师带幼儿观察春天的变化。如校园的小草、公路的两边的树木、公园里开花的树、路边的野花等，通过寻找春天，幼儿总结出春天是五彩斑斓的。再用绘画的形式对春天的美进行一个美的提升。在亲身体验和教师的图片欣赏中体验到了创作的快乐和满足感，创新能力得到了充分的发挥。

三、寻找活动延续点，注重幼儿的坚持性

在美术活动中经常会碰到这样的情况，有的幼儿能够坚持很长时间，有的幼儿没有两分钟就结束了。如泥工捏小动物，幼儿兴致勃勃地根据图例提示捏出自己喜欢的小动物，捏完了孩子们就纷纷离开了，最多的情况就是幼儿和其他小朋友介绍自己的作品。这时候教师可以指导他们在原有的基础上进行更丰富的活动内容。如捏好了一个小动物，正好是我们近期讲的一本新书里的角色，引导幼儿再继续自己的活动，捏出故事情节中需要的人物，必要的时候还可以捏出故事情节，激发幼儿不断创新。

四、增强任务意识，鼓励幼儿克服困难，增强自信心

为了提高幼儿学习的坚持性，必须要在活动前明确学习任务，同时鼓励他们坚持完成这项任务。当幼儿遇到困难的时候，教师应该给予适当的启发、引

导和鼓励。在一次活动区的活动中，新来的小朋友第一次尝试绘画毛笔画，他认真地观察别人的行为，但是始终没有下第一笔，这时教师就是最好的支持者，在他面前教他学习握笔，先让他在生宣纸上作画，这种纸不容易晕染，幼儿更有成功的体验。练习过一两次之后，让他再选择熟宣纸作画，不会影响他的自信心。在此过程中，教师会根据幼儿的进度设置不同的任务，让幼儿能够体验任务意识，为幼儿能够专注绘画，并坚持完成作品提供了必要的保证。教师的表扬和鼓励也能促进幼儿积极地克服困难，最终体验到克服困难坚持完成任务的成就感，并产生继续尝试的愿望。

五、注重幼儿之间的合作意识，强化幼儿情感体验

幼儿的合作能力是在反复锻炼中提高的。在实践活动中，教师应该选择需要幼儿合作完成的美术教育活动，或者提供能让幼儿合作的环境材料等。循序渐进地巩固幼儿的合作行为，从而不断地提高他们的合作能力。教师可以先让两个人合作，逐步培养合作能力。当幼儿有了一定的合作能力后，可改为小组合作。如大班的剪纸活动，剪纸的内容和剪纸形式都由幼儿自己决定，从剪纸的由来到剪纸的剪法收集、图例剪纸、独立剪纸、合作剪纸。在活动中的协商、分工、创作的过程中，有效地促进幼儿的合作行为。

幼儿良好的学习习惯和学习品质的培养不是一蹴而就的，需要持之以恒的努力。因此，教师要努力创设条件帮助幼儿养成良好的学习习惯，通过积极有效的师幼互动，呵护幼儿的好奇心和学习兴趣，激发幼儿的主动性、坚持性，鼓励他们大胆地创作，形成自主、探究、合作的学习方式。

（作者：李悦，本文荣获北京市第五届"智慧教师"教育教学研究成果三等奖）

42. 游戏对幼儿发展的重要性体现在哪里？

陈鹤琴先生曾经说过："游戏是儿童的心理特征，游戏是儿童的工作，游

戏是儿童的生命。"这说明幼儿的各种能力都是在游戏中获得的。我们提倡的游戏应是幼儿在一定的游戏环境中，根据自己的兴趣和需要，以快乐和满足为最终目的，自由选择活动内容和活动材料、自主展开游戏活动、自发交流游戏经验的积极主动的活动过程，这一过程也是幼儿兴趣、需要得到满足，天性自由表露，积极性、主动性、创造性充分发挥和人格健全的过程。

一、游戏可以增强幼儿的问题意识，丰富幼儿的经验

在游戏中，幼儿常常会遇到一些困难，如果教师马上给予解答，帮助解决困难，幼儿可能会顺利得把游戏进行下去，但是却失去了一次思考的机会，如果教师在一旁静静地观察一下，不急于给出答案和结论，而是给孩子一点解决问题的时间和机会，孩子很可能在渴求答案的心理状态下开始探索活动。陈鹤琴先生指出："儿童的世界是儿童自己探讨、去发现的，他自己所求来的知识才是真正的知识，他自己发现的世界才是他的真世界。"科学区里，幼儿在玩"磁力游戏"：一个幼儿用磁铁去吸塑料钉，吸不起来。另一个幼儿拿起磁铁去吸铁钉，"卡"地一下就被吸过来了。一个幼儿嘟哝着："没劲。铁钉当然可以被吸起来。"我走过来拿过一个磁铁问："磁铁可不可以把磁铁吸起来呢？"有的幼儿说可以，有的说不可以，孩子们争执不下，教师拿两块磁铁放在桌子上，磁铁"啪"地吸在了一起，刚才说可以的幼儿一阵欢呼。教师又拿出两块同样的磁铁放在桌子上，磁铁都向两边跑，教师又试着把它们放在一起，它们又跑了。幼儿们都不言语了，教师及时引导："为什么磁铁有时可以吸在一起，有时就不能呢？"幼儿们开始了探索，刚才说没劲的幼儿也开始思考。在游戏中教师有意识地设置问题，鼓励幼儿发现问题、解决问题，增强了幼儿的问题意识。在问题的驱动下，幼儿展开了种种尝试，他们的经验也会不断丰富。

二、游戏可以促进幼儿创新思维的发展

在创新思维中，一些新的观念、新的思想、新的方法往往是通过思维的发散获得的，发散是创新思维的一个重要特征，培养幼儿的发散思维是很重要的。例如，深秋季节，树上的叶子一片片飘落下来，当孩子捡起一片片落叶，教师适时地发问："落叶可以做什么？""做贴画。""做书签。"

孩子们的发言中蕴含着丰富的想象力。教师也不禁为他们丰富的想象而感叹。又如，幼儿带来了一条毛线绳，有的幼儿在用它玩翻绳，老师引导说："小朋友想一想用它还可以做什么呢？"有的幼儿就用它去串珠子，有的用它做了毛线画，有的用它代替当鞋带，还有用它编辫子的，并把它挂在身后，玩起了"捉尾巴"的游戏。一条普普通通的绳子，幼儿玩得津津有味，玩的过程是探索学习的过程，玩的过程中孩子的发散思维得到了良好的发展。

三、游戏可以促进幼儿各种能力的提高

（一）游戏可以发展幼儿的动手能力

教师为幼儿精心设置不同的活动区域，那里有丰富的材料，孩子们可以根据自己的需要自由取放，可以画、可以贴、可以涂色、可以制作。他们那发育还不成熟的手部小肌肉在制作过程中得到了锻炼、发展。

（二）游戏可以发展幼儿的语言表达能力

游戏为幼儿积极地表达情感提供了表现和交往的机会。这种自发的交流是游戏同伴间有关游戏的交流，是教师和幼儿共同参与的交流。他们那不合逻辑的语言在交流中逐渐得到发展，日益清晰。

（三）游戏可以发展幼儿的交往能力

现代社会人与人之间的交往越来越多，需要人们的协同合作。幼儿在与同伴游戏的过程中可以相互交流知识、经验与技能，同时认识自己、了解他人，体验各种欢乐与痛苦，从中培养良好的社会情感和行为。

（四）游戏可以培养幼儿的观察力

孩子是在观察中获取各种各样的信息，然后在积极、有效地处理和运用这些信息的过程中进行学习活动的。观察的前提是"注意"，但处在幼儿期的孩子注意力容易分散，其对事物的观察是以兴趣为前提的。幼儿最感兴趣的就是游戏，若能在游戏中加以注意，幼儿的观察力必然能够得到提高。如幼儿生活中用的小毛巾的图案是不一样的，教师可以给每人设计一张购物卡，让幼儿仔细观察"购物卡"上的小毛巾（颜色、花纹、顺序），找出和购物卡上一模一样的毛巾。

四、游戏可以促进幼儿的心理健康

学龄前幼儿的语言表达能力比较差，对内心感受的描述不多、不准确，他们需要一个轻松、愉快的精神环境，这对幼儿的情绪、社会性、个性品质的形成和发展具有十分重要的作用。对于游戏要轻结果，重视体验过程，幼儿参与游戏是为了享受游戏的快乐，如果带有任务幼儿就会有一种无形的压力。只有为幼儿提供一个使他们感到安全、温暖、平等、自由的精神环境，幼儿才能够充满自信地获得最佳发展。

小孩子天生爱玩，游戏是他们的天性。教师应把游戏贯穿于一日生活，通过玩玩做做、动手动脑促进幼儿的发展，使幼儿的潜在能力得到最大程度的开发。

（作者：谢春旭，本文荣获北京市第五届"智慧教师"教育教学研究成果三等奖）

43. 如何让幼儿在生活与游戏中学数学？

数学离不开生活。在幼儿的生活中也存在着许许多多学数学的资源，但需要我们教师做有心人，善于发现生活中的数学问题，引导幼儿在生活中、游戏中快乐地学习数学、运用数学。小班幼儿的年龄特点就是在游戏中学习，将游戏贯穿在数学活动中，创设一个轻松、自在的游戏环境，让幼儿在游戏中操作，体验数学活动的趣味性。

一、在生活活动中引导幼儿学习数学，并体验数学的有趣

小班幼儿年龄小，生活活动尤其重要，相对于中大班幼儿，小班幼儿生活环节的时间占的也比较多，这也为我们在生活中学数学提供了有利条件。如在喝奶的环节中，我带孩子们来取水杯，问小朋友："这有多少个水杯？"小朋友会说"好多水杯、许多水杯、数不过来的水杯，等等。"我会不经意地说："这

有许多水杯。"这时就引导幼儿初步明白什么是"许多"。接着，我请小朋友每个人取一个水杯回到位子上，问："水杯格里没有水杯了，杯子到哪去了？"孩子们会回答"小朋友拿走了。""你拿了几个水杯？""我拿了一个。""我也拿了一个……"这时孩子们就知道了"一个"。"哦，许多个水杯可以分成一个一个的。"在小朋友喝完奶清洗完水杯后，随着小朋友把一个个水杯送回去，我又问："现在水杯格里有多少个水杯？""有许多个水杯。""刚才一个水杯都没有，现在怎么变成许多了？""是我们把水杯送回来的。""你送了几个？""我送了一个，我也送了一个，我也送了一个……"于是孩子们明白了，一个一个的水杯合起来就是许多个水杯。

在幼儿玩玩具时，我会在一旁引导幼儿观察筐里面的玩具："这里有多少玩具呢？"孩子们就会说："这里有好多玩具，这里有许多玩具等。"等孩子们说完，我就会跟着他们说："这个筐里有许多的玩具。"之后我会取出一个玩具来问他们："有谁知道我手里拿了几个玩具呢？"孩子们就会异口同声地说："一个玩具。"

在进餐活动中也能很好地体验一和许多，如老师盛好了许多碗米饭，请幼儿每人端一碗回到位子上吃（许多米饭可以分成一碗一碗的）。在幼儿吃完饭送餐具的过程中，孩子们把一个一个的碗送到配餐桌上，桌上就有了许多个碗（一个一个碗合并起来就是许多个碗）。

孩子们吃午点时，也是体验数学的最好时机。如吃橘子的时候，我会在每个盘子里放一个橘子，最后比较出是盘子多还是橘子多，还是橘子和盘子一样多。再如吃苹果，每个人吃 3 块。我请小朋友自己取苹果，幼儿会一边取一边数，老师在旁边观察就可以了。有时吃梨，我会告诉幼儿："每个小朋友拿两块梨，一块大的一块儿小的。"幼儿在取的时候不仅掌握了 2 的实际意思，还从中学会了比较大小。

在生活环节中，只要是孩子接触到，我就有意识地向幼儿渗透数学。这样才能使幼儿亲身感到数学知识就在身边，让幼儿在生活中不知不觉地获得数学知识。

二、利用生活化的活动方式开展有趣的数学教学活动

在孩子们初步认识圆形、三角形、正方形、长方形这些图形的基础上，我

设计了数学活动"好吃的夹心饼干"。为了调动了家长资源，提高幼儿的参与性，我把幼儿分成四组，每组买一种图形的饼干。为了确保饼干的种类与大小，我请家长之间不要商量。挑选饼干的过程一定是小朋友和爸爸妈妈一起到超市，寻找相应图形的饼干。经过两天的准备，孩子们买到了不同形状、大小的饼干。

在活动中，我请小朋友们当面点师制作夹心饼干，首先我给幼儿做示范。挑选大小、形状一样的两块饼干，在其中一块的背面抹上果酱，再把两块粘在一起。孩子们看得非常专注。我再一次提出要求：每人制作 3 块夹心饼干。在制作的过程中，孩子们认真地挑选、对比、点数。在制作完 3 块夹心饼干后，请孩子们吃一块自己制作的夹心饼干，孩子们吃得津津有味。老师会问幼儿："你吃的饼干是什么形状的?"孩子吃完一块饼干后，教师还应鼓励幼儿送给客人一块饼干。最后把剩下的一块饼干送到小兔子的饼干店里，如摆放着正方形、长方形、圆形和三角形的盘子内。这样，孩子们在玩中就巩固了认识图形、点数 1～3，图形分类、一一对应等数学知识，还渗透了与人交往的技能，能主动应答客人老师的问话。

在认识图形的过程中我们设计了给小熊穿项链的区域活动环节。起初在活动区玩穿珠子游戏时，幼儿总是没有目的地随意穿珠，之后我首先调整现有材料，将珠子按颜色、形状进行分类，这样幼儿就认识了珠子的不同颜色和形状。后来又了解到看题卡对小班幼儿来说有难度，因此我先在绳子上面穿两组做示范，让幼儿参照进行穿珠游戏。这样，孩子们操作起来很顺利，穿的珠子越来越长，也越来越喜欢玩穿珠子的游戏，再把穿好的珠子带到小熊的脖子上。

三、利用小班一日化的游戏活动，让幼儿在游戏中学习数学、运用数学

游戏是幼儿最主要的活动，小班幼儿年龄小，一日化的游戏活动更是由其年龄特点所决定的。如在"i思考"教学活动设计中，我始终以游戏的情景为主激发幼儿的兴趣。如在教育活动"去郊游"中，我创设了小熊一家去郊游的主题情境。首先熊妈妈开车戴着小熊们出去郊游，在路上她们先遇到了红绿灯（认识颜色并引导幼儿理解生活常识），红灯亮时要等一等，绿灯亮时才可以前

行，黄灯亮时要等待。在等待红灯的过程中引导幼儿尝试倒数54321。其次，教师引导小熊们去采蘑菇、钓鱼和采花等一系列操作游戏，孩子们兴趣浓厚，在情景游戏中学习了点数1～3。此次活动目标的制定符合小班初期幼儿的实际水平，幼儿发展了手口一致点数和感知3以内物体的量的能力。幼儿的兴趣高，参与性强，并且能融入到角色中去，在游戏中轻松地完成了目标。整节活动的道具形象具体，颜色鲜艳，便于幼儿操作。同时，在"采蘑菇、钓鱼和采花"这些动作中，幼儿也发展了小肌肉的能力。

在幼儿生活中到处渗透着数学知识，只要我们能够注意观察，教育的契机非常多。在生活中与游戏中进行数学活动是小班幼儿掌握、理解数学的最佳途径，更是一个让孩子开心、快乐的学习数学、掌握数学的过程与方式。

（作者：张丽娜，本文荣获北京市第四届"智慧教师"教育教学研究成果三等奖）

44. 新任教师如何做好集体活动前的准备工作？

新任教师独立引导幼儿进行集体教育活动，心理难免会忐忑不安。做好充分的集体活动前的准备工作就显得很重要。准备充分既可以调动幼儿活动的积极性，也可以帮助新任教师树立信心。

根据不同的集体教育活动内容，活动前的准备也会有所不同。新任教师一般都有实习保育员的工作经验。因此，新任教师已经基本掌握幼儿的一日生活模式，对区域指导和户外活动也有一定的了解。而且有其他老师的配合，心理压力会相对小一些。

一、目标的准备

活动内容一般会按照周计划进行，我们要把一个个活动名称变成一节节内容丰富的集体活动，使幼儿在活动中得到提高与发展。幼儿的活动是在活动过程中完成的，活动过程是围绕目标展开的，活动效果也是按照目标的完成情况进行评价的。因此，一节集体教育活动的目标就显得很重要。

首先，目标要符合幼儿的实际发展水平和《指南》中该年龄段幼儿应达到的目标。过于简单幼儿会没有兴趣，能力也得不到提高；超出标准幼儿完成不了，也不能在活动中获得成功感与信心。所以在确定目标时，可以多看看《指南》中相应领域该年龄段的发展目标，然后观察本班幼儿现有的水平再制定。如一节音乐打击乐活动，我们要观察幼儿对乐器使用方法的掌握情况，再确定目标是放在乐器使用方法的掌握上还是放在幼儿分组的配合上。

其次，目标要结合活动内容进行具体描述。一节集体教育活动的目标不宜制定得过于宽泛，否则重难点不好把握。如小班语言活动"谢谢小猴子"，《指南》中符合的目标是"能口齿清楚地说儿歌、童谣或复述简短的故事"，内容比较宽泛，结合本次集体教育活动的内容，可以把目标定为"1. 喜欢倾听故事，愿意学说、跟说故事中的简单对话。2. 理解故事内容，当别人遇到困难时，知道利用自己的长处主动帮助别人。"而不要把《指南》中的目标直接搬到教案中。

最后，目标要从同一角度出发。集体活动目标可以从教师和幼儿两个角度书写。从教师角度书写的目标一般会用"引导幼儿""培养幼儿"所要达到的标准进行描述。从幼儿角度书写的目标会从"学会""理解""能够"等幼儿需要完成或达到的目标进行描述。一节集体教育活动目标要从同一个角度进行描写，即都从教师角度或都从幼儿角度进行描写。如中班社会活动"小兔的花园"的目标："1. 帮助幼儿感受故事中小兔子的丰富情感。2. 鼓励幼儿大胆地表达自己的想法。3. 体会帮助他人的快乐。"第 1、2 条目标是从教师角度进行描述的，第 3 条目标是从幼儿角度进行描述的。所以就要调整为"1. 感受故事中小兔子的丰富情感。2. 大胆地表达自己的想法。3. 体会帮助他人的快乐。"

二、材料的准备

幼儿教师要了解幼儿的学习方式和特点，因材施教，因势利导，培养幼儿各方面能力。3~6 岁幼儿的学习是以直接经验为基础，在游戏和日常生活中进行的。我们要利用这一特点，让幼儿在做中学，玩中学。要使幼儿动起来就要有丰富的材料进行支撑。

首先，材料要安全易操作。幼儿是通过用眼看、用鼻子闻、用手摸进行探索实践的。而且幼儿年龄小，对危险的认识不够。因此，为幼儿提供的材料一定要安全，避免意外伤害的产生。操作难度也要适当，在探索中，幼儿用较长时间来摸索材料的使用方法就会偏离活动的目标。如果是必须用的工具材料，可以在集体活动前让幼儿探索使用方法，以避免在集体活动中占用过长时间。教师若是不了解幼儿工具材料的使用情况，可以在咨询本班班长或找班里水平不同的幼儿尝试后再进行材料的筛选。

其次，材料要全面多样。幼儿对周围事物充满好奇，他们喜欢去探索，我们要真诚地接纳、多方面支持和鼓励幼儿的探索行为，材料就是其中的一项。在科学探索活动中，可以提前和幼儿一起讨论需要的材料，有些可以发动家长一起准备。在材料充分的情况下，让幼儿充分地去尝试，不管是失败还是成功，幼儿都会从中得到经验，这是老师的长篇大论所无法企及的。在一次美术活动中，也可以准备绘画、剪纸、手工等多种材料，让幼儿选择自己喜欢的方法进行创作，把活动的主动权交给幼儿。

最后，材料要有层次性。幼儿的发展有快有慢，各有特色，我们不能用一把标尺来衡量。因此，在幼儿活动时，要准备不同层次的材料，使每名幼儿在得到发展的同时增强自信心。如在学剪窗花时，材料可以划分三个层次。第一个层次提供剪刀和正方形的彩纸，挑战性较高，适合能力强的幼儿，他们可以充分地尝试操作折和剪，制作不同的窗花。第二个层次提供剪刀和折好的彩纸，幼儿按照自己的想象进行剪纸。第三个层次提供剪刀和折好并画好线条的彩纸，适合能力弱的幼儿，按照线条剪纸就制作成窗花了。材料分出层次，使不同能力的幼儿都能制作出自己的窗花，获得成功的喜悦。

三、提问的准备

教师的提问围绕教学目标和内容展开。有效性提问可以创设良好的学习探索氛围，激发幼儿主动参与的积极性，发展幼儿创造性思维。新任教师在书写集体教育活动设计时，不妨把提问内容具体描述出来，再推敲该提问的有效性。

第一，提问要围绕目标。提问是为了引导幼儿完成活动目标而进行的，所以，有效性提问是围绕目标和内容展开的。在最初设计活动时，教师会想到目标在哪里，可是在幼儿的回答离心里想象的答案较远时，有的新任教师就不会接了。所以在设计集体教学活动时，也要考虑追问的内容。如想知道"大象鼻子的特征及其作用"。我们会问："大象的特征是什么？"这是围绕目标的。可是幼儿的回答五花八门。有说个子大的，有说耳朵的，有说腿的，也有说鼻子的，如果教师提前想到这一点了，可以过滤掉不相干的答案，直接设计追问："大象的鼻子是什么样子的？""长长的鼻子可以做什么？"从而得到自己想要的答案。不必在幼儿的回答中不知所措。

第二，提问要具有开放性。开放性提问可以调动幼儿思维，启发幼儿思考。在提问中不要问幼儿"好不好""对不对"，这种提问起不到引导幼儿的作用。若不知道怎样修改，最简单的调整办法就是改为"好（对、行）吗？""为什么？"，引发幼儿进行深入的思考。

这是在集体活动前可以进行的提问准备。教师有效性提问能力是在工作中日积月累逐渐培养起来的，这只是一个起点。

根据不同的集体教育活动内容，活动前的准备也会有所不同。有句古话说得好："凡事预则立，不预则废。"充分的集体教育活动前的准备能让教师更有信心，信心可以给予我们力量。让我们带着这股能量搭建通往成功的桥梁，让我们和幼儿一起成长，走向未来。

（作者：于静，本文荣获北京市第七届"京研杯"教育教学研究成果三等奖）

四、幼儿能力发展与培养

45. 如何培养小班幼儿学会爱护图书？

莎士比亚说："书籍是全世界的营养品。生活里没有书籍，就好像没有阳光；智慧里没有书籍，就好像鸟儿没有翅膀。"书籍是获取知识的源泉和启迪智慧的钥匙。《纲要》中明确指出"要吸引幼儿喜欢读图书，能从阅读活动中体会到快乐，愿意与别人交流自己的感受。引导幼儿学会有序地收放图书，知道爱惜图书。"教育孩子爱看书是好事，但在培养孩子看书兴趣的同时，我们还应该培养孩子养成良好的阅读行为习惯。教育幼儿爱护图书，不能只靠简单说教，而是要告诉幼儿怎样爱护、为什么要爱护图书。幼儿懂得了怎样去做，理解了爱护图书的意义，教育才会收到成效。现将开展幼儿早期阅读教育时，在引导幼儿爱护图书这方面积累的一些经验进行总结分享，共同探讨。

一、培养幼儿养成良好的取放图书习惯

幼儿在取书、放书、收书时，都是随便在书柜内翻找，乱丢乱扔。因此，图书区总是很凌乱。尽管教师多次强调，但幼儿依然是不理不睬、我行我素。仔细寻找原因发现：首先，班内图书数量多、种类多，而且书柜较小，图书都是摞在一起摆放的，因此容易造成乱拿乱放的现象；其次，幼儿没有掌握取放图书的方法，不会将图书摆放整齐；最后，幼儿缺乏一定的责任意识。针对以上情况，进行以下有计划、有目的地调整。

（一）与幼儿一起整理图书，制定标志

凡是幼儿自己能做的就让孩子自己去做。在整理图书的过程中，充分调动幼儿的主动性，共同参与图书的分类、整理工作，他们十分投入。在教师的引导下，幼儿分别把图书按大小、图案、颜色等有序加以整理。这项活动的开展，不仅使幼儿巧妙地进行了大小的比较，练习了点数，而且还大大地提高了他们的分类能力和观察能力。图书如何摆放更有利于幼儿取放、寻找方便呢？

教师与幼儿经过反复比较尝试，最后达成一致，即在书柜内打上 2～3 个隔断，并在每一个隔断内做出小动物或图形的标志，贴上 5 以内的数字。同时我们也在书的封面贴上相同的标志。这样幼儿就能将整理好的书按数量、大小分别放在指定地点，便于取放、寻找了。

（二）请幼儿做小负责人

爱护图书可以培养幼儿树立一定的责任意识。每天轮流请幼儿当小负责人，检查图书的整理情况，幼儿对这项工作十分感兴趣，态度极其认真、负责。他们相互学习、帮助、监督，使图书区的状况发生了巨大变化，建立了良好的取放常规。良好行为习惯的培养不仅要靠有效、可行的方法，还需要教师的努力，坚持一贯性、一致性的原则，注重指导，树立榜样。这样，幼儿的良好习惯就会逐步养成了。

二、引导幼儿掌握正确看书的方法

在幼儿园经常会出现这样的情况：新图书投放不到一周，封面与内页就分家了。这是因为小班幼儿行为的目的性、坚持性与自制力还不够。他们有时拿起一本书忽地一下翻到中间，又忽地一下翻到前面，一副心不在焉的样子。同时幼儿阅读时还有一个共同的特点——速度快。殊不知，不正确的看书方法也是导致图书破损的原因之一。因此，教会幼儿掌握正确看书的方法势在必行。利用儿歌和游戏性的语言引导幼儿学习正确看书的方法是适宜小班幼儿的教育策略。如爱护图书的儿歌："小图书，手中拿，轻轻翻，静静看，爱护图书人人夸。"在翻书时引导幼儿"小手变成小夹子，夹住书角轻轻翻"。幼儿边说儿歌边翻书，慢慢地撕书的现象会越来越少。

在幼儿学会翻书的基础上，引导幼儿理解画面内容。幼儿看书速度快的主要原因是，他们既不识字，又不理解画面，看不懂画面情节，只是看热闹。因此要帮助幼儿理解画面，必须从观察入手，从人物、动物的表情上学会分析和理解，再加以想象。如在班级内开展"有趣的五官"活动，让幼儿照着镜子，模仿哭、笑、生气、愤怒等表情，并结合相关图书中的动物、人物等表情进行深一层的引导：它（他）们为什么生气？为什么高兴？启发幼儿根据画面情节，找出相应的图片，帮助幼儿理解画面内容。通过观察，幼儿获得了丰富的感性材料，理解了不易掌握的画面语言，并通过思维把大量的感性材料、具体的图像转化为内在的认知和理解。

三、利用拟人化教育激发幼儿爱护图书的意识

小班幼儿具有"泛灵论"的特点，因此拟人化的教学方法对于激发幼儿爱护图书的意识效果更为显著。例如，在"图书宝宝为什么哭了"活动中，我们制作了一本大图书的封皮，让配班老师穿在身上，封皮已经破损。活动一开始，"大图书"就开始哭泣，一下子吸引了幼儿的注意。他们纷纷询问"大图书"为什么要哭。于是，在教师的引导下，幼儿与"大图书"面对面地进行了交流。这样的活动既具体又直观，幼儿完全沉浸在拟人的情节故事中，深深地激发了幼儿爱护图书的意识，懂得了轻拿轻放、轻轻翻动图书的道理。类似于这样的活动还可以开展许多，比如，"图书娃娃哪儿去了""我和图书做朋友""我爱图书娃娃"等。拟人化的教学方式不仅可以帮助小班幼儿区分明显的对与错，还能让他们从自身的行为中有所感悟。

四、利用残书教育幼儿爱护图书

被幼儿撕坏的残书对教育幼儿爱护图书有很大的价值。教师可以用没有结尾的书给幼儿讲故事。在教师绘声绘色地讲述中，幼儿的情绪随着故事情节的发展起伏，当讲到紧要之处时教师停了下来，幼儿一直在期待着，终于，有几名幼儿着急了，不约而同地问："老师，怎么不讲了?"教师十分惋惜地说："哎，后面的几页被撕掉了。"幼儿忍不住还在继续追问，沉浸在故事的情节里。教师无可奈何地告诉他们："没办法，我和你们一样也特别想知道结尾，可图书被撕坏了呀!"由于没有结尾，幼儿很遗憾。这时教师抓住时机，给幼儿讲要爱护图书的道理，使他们真正明白了爱护图书的意义。这种活动可以多组织几次，这一次讲一个没有结尾的故事，下一次讲一个没有开头或中间间断的故事，让幼儿在多次的遗憾之余，真正认识到爱护图书的重要性，从而注意自己的行为，养成爱护图书的好习惯。

高尔基曾说："爱护书籍吧，它是知识的源泉。"让我们幼教工作者携起手来，不仅使幼儿喜爱看图书，而且还要有爱护图书的意识。

（作者：杜思辰，本文荣获北京市第五届"智慧教师"教育教学研究成果一等奖）

46. 如何在音乐游戏中培养中班幼儿的合作意识和能力？

　　游戏是一种适应幼儿身心发展水平、能让幼儿感到愉快的活动。音乐游戏是以艺术活动方式进行的有规则游戏，也就是在音乐伴奏或歌曲伴唱下所进行的。由于音乐游戏将音乐、活动内容融入游戏的形式中，所以音乐游戏不仅满足了幼儿的好动性和表演欲望，而且使幼儿在情感上获得了愉悦的陶冶。培养幼儿的合作能力，有利于幼儿在学会合作的过程中，逐渐克服以自我为中心的缺点，让他们学会关心他人，同时可以在幼儿之间营造一种团结、友爱、互助、合作的群体氛围，使他们养成一种协商合作和利他的亲社会行为，增强孩子的社会适应性。《指南》中也明确提出，音乐游戏要重视幼儿的情感体验。正是有了孩子良好的情绪情感，才有孩子积极参与游戏以及良好的合作意识和能力。

　　音乐游戏的内容，一般包括唱歌、舞蹈、打击乐器和音乐欣赏。如何在音乐游戏中培养中班幼儿的合作意识和能力呢？

一、在歌唱活动中培养中班幼儿的合作意识和能力

　　幼儿对歌唱活动的爱好和兴趣十分强烈。通过选择体现合作精神的歌曲开展多种形式的歌唱活动，来培养他们乐于合作的精神。如《小蚂蚁》《大耳朵兔子》《数鸭子》《我爱我家》等。其中《大耳朵兔子》这首歌曲表现的是兔子和它的好朋友一起庆祝生日，并在同伴的鼓励与参与下勇敢的介绍自己。歌曲中有大兔子与同伴互动的模仿式乐段，可称为镜子游戏，这个活动在组织中引起了孩子们极大的兴趣。正是抓住了中班幼儿的年龄特点，才有了选择好歌曲并得到好的效果的结果。而在歌曲《小蚂蚁》的选择与组织中，考虑歌曲本身讲的就是一个蚂蚁力量小，许多小蚂蚁团结起来力量大的道理。孩子学会歌曲后我们先分男、女生轮唱，然后又分左右对唱和小组轮唱，在演唱时，除了要求孩子注意演唱时的感情投入，更注重在演唱时应关注和倾听其他小朋友的演

唱，以便让自己来更好地配合小伙伴的演唱，从而达到相互合作的目的。

二、在舞蹈表演活动中培养中班幼儿的合作意识和能力

舞蹈活动能锻炼幼儿协调角色扮演的能力，有利于培养幼儿良好的合作习惯，对促进幼儿合作意识与合作能力的发展都有其独特的作用。中班的幼儿因其年龄小，爱动好玩，注意力集中时间短，所以特别喜欢舞蹈活动。在日常活动中部分幼儿在和同伴交往中由于缺乏技巧，常常出现一个幼儿想和另一个幼儿交往而伸出手，另一个孩子误以为他要打他而进行攻击等不够友好的待人方式，导致在音乐舞蹈活动中，常常会乱乱哄哄一团糟。为此，教师选择并设计了音乐游戏《包饺子》，目的在于引导幼儿积极参与活动，学习用舞蹈动作和同伴交往，体验与同伴友好相处、合作游戏的快乐。在活动中孩子们在老师的指导下四个人一组，每人一句的跳舞，也可以全班分四大组，孩子们一起共同完成舞蹈内容。孩子们的情感在游戏中得到了极大愉悦和满足，体验到了大家一起舞蹈的乐趣。同时也要注重幼儿在学会演唱歌曲后，边唱边进行合作表演，例如奥尔夫音乐《舞会》，幼儿学会演唱后，请他们随着音乐边唱边做舞蹈动作，孩子们一起体验着音乐带来的美的感受，在互相模仿学习中开展班级舞会，借用道具达到化装舞会的效果，孩子们之间互相学习，用舞蹈动作和歌唱的形式来大胆表现。

三、在乐器打击活动中培养幼儿的合作意识和能力

中班幼儿年龄小，好奇心强，喜欢敲敲打打。《指南》中也指出：中班幼儿能用拍手、踏脚等身体动作或可敲击的物品敲打节拍和基本节奏。因此，可以在平时的生活活动中和孩子们一起搜集许多生活中常见的能出声的物品自制小乐器。通过生活活动中的渗透练习，如每天的点名报数（幼儿用 × × ×× × 的节奏型来介绍），让孩子们敢于大胆运用稳定的节奏型来介绍自己，逐渐过渡到给熟悉的歌曲用打击乐器演奏，孩子们掌握了不同的节拍与节奏，对于打击乐就游刃有余了。在奥尔夫乐曲中适合组织打击乐的活动有《柳树姑娘》《你真棒》《古尼拉之歌》《说唱四季》等。例如《柳树姑娘》这首乐曲，可以将孩子们分成三组分别用不同的乐器——沙锤、响板、铃鼓，进行打击乐的演奏。为了使乐曲听起来更优美动听，应指导幼儿看指挥演奏，指导每种乐器之

间分明，有合作听着自然舒服。幼儿之间既有分工又有合作，乐段分明，分句也明显。幼儿在打击乐器活动的形式中充分学会了与他人合作。

四、在音乐欣赏活动中培养幼儿的合作意识和能力

音乐是美的艺术，是人类美的结晶，它不仅给人带来艺术美的享受，而且也陶冶着人们的审美情操和艺术趣味。中班幼儿听到美的音乐，喜欢随音乐手舞足蹈。在平时的生活游戏中，选用适合各环节的音乐来让幼儿欣赏，这种欣赏也是一种间接教育。孩子们习惯了音乐穿插在生活中，渐渐地也喜欢上听这些美的旋律。在奥尔夫课程中有各种乐曲：儿歌类、民族类、舞曲类、说白节奏类等。在组织集体活动中，可以选择设计乐曲《古尼拉之歌》《茉莉花》《美丽的地球村》《快乐的恰恰》等活动让孩子欣赏，使孩子在音乐中受到美的熏陶，提升孩子的审美情趣和艺术品位以及孩子的倾听能力。例如在《美丽的地球村》中先带孩子们学唱歌曲调动幼儿兴趣，然后请幼儿倾听美丽的地球村中都出现了什么，并用乐器在出现的地方用节奏体现出来，请孩子们边欣赏音乐边合作表演，通过加入动作以及乐器来变换形式地合作演奏。在欣赏乐曲中，幼儿体验了合作带来的快乐和力量。

在音乐游戏活动中培养幼儿的合作意识和能力，不是一朝一夕就能做好的事情，还需要老师调动幼儿的积极性，并培养幼儿喜欢倾听音乐，愿意大胆表演，能够认真看指挥等许多的能力。需要老师持之以恒，不断地探索、研究、反思、再探索、再研究，在尝试中总结经验，在音乐游戏中培养好孩子的合作意识和能力。

（作者：张秋媛，本文荣获北京市第四届"智慧教师"教育教学研究成果二等奖）

47. 如何提高大班幼儿的独立学习能力？

独立性是行动中独立自主的品质，是自我意识的一种表现。《纲要》中明

确指出："要尊重和满足幼儿不断增长的独立要求，避免过度保护和包办代替，鼓励并指导幼儿自立、自理的尝试。""支持幼儿自主地选择、计划活动，鼓励他们通过多方面的努力解决问题，不轻易放弃克服困难的尝试。"大班幼儿的独立学习是指幼儿根据自己的学习能力、学习任务，积极主动地调整自己的学习策略和努力程度的过程。它是幼儿在学习活动中自我决定、自我选择、自我调控、自我评价反思，以展示自身主体性的过程。大班幼儿独立学习能力的建立，能使幼儿尽快适应入小学后学校生活，有利于幼儿长远发展。因此，我们必须调动大班幼儿学习的积极性、主动性，提高他们的独立学习能力，让幼儿主动获取知识的同时培养其形成良好的学习习惯。那么，如何培养大班幼儿的独立学习能力呢？

一、融自主选择于活动之中，培养大班幼儿独立学习的态度，培养幼儿的计划性

自主选择是幼儿独立学习的态度之一。它是指鼓励幼儿在一定环境中按自己的兴趣、需要、目的进行选择探索发现。孩子自主选择首先需要一个宽松的、平等的、自主的活动环境，这样幼儿才有机会选择。《幼儿园工作规程》指出："创设与教育相适应的良好环境，为幼儿提供活动和表现能力的机会与条件。"大班幼儿的独立性、行动目的性逐渐增强，在活动中他们渐渐有了自己为自己做主的强烈愿望。为此，教师必须创设让幼儿有机会选择、有条件选择的环境，以满足幼儿独立学习的需要。区域活动充分体现了幼儿自主选择性。班级中要为幼儿创设丰富的区域内容——美劳区、表演区、科学区、数学区、语言区、益智区、建构区等，每个区域都投放有大量的、操作性强的区域材料，为幼儿的独立学习提供了物质基础，让幼儿有物自选、有条件自选。

区域活动中，教师要鼓励孩子根据自己的需要、兴趣选择喜欢区域进行活动，而不去规定孩子的活动。让孩子自己选择游戏伙伴、角色，让孩子选择自己喜欢的学习内容，并根据内容目标引导幼儿选择不同的、自主的方式探索、操作、实验。同时，还要根据幼儿的个体差异，在区域中投放不同层次的材料，供幼儿自主选择。

二、融趣味游戏于活动之中，提高大班幼儿独立学习的兴趣，培养幼儿的规则性

游戏也是幼儿的天性，是符合学前儿童年龄特点的一种独特的活动形式。在幼儿园里，游戏是幼儿最有效的学习手段，是幼儿最喜欢的活动。兴趣又是最好的老师，是人们主动学习的内在动力。那么，如何将有趣的游戏融入到活动中来激发幼儿的独立学习兴趣呢？

数学活动是幼儿不太感兴趣的活动，因为它枯燥、抽象，然而数学能力又是大班幼儿必备的，因此，为激发幼儿学数学的兴趣，可以将枯燥的数学活动融入到好玩的游戏当中，提高大班幼儿独立学习的兴趣。如培养幼儿的点数、群数、比较多少的能力，设计游戏"抓抓乐擂台"，每天评出"大手王"。孩子们的兴趣一下子被调动起来，为争当大手王，积极投入游戏。游戏中根据幼儿的能力，投放大小不同的玩具，请幼儿一手抓，之后点数或群数、比较多少后记录结果，活动中幼儿的点数、群数、比较、认识单双数能力均得到了发展。为帮幼儿理解数的组成分解，设计"玩具翻翻乐""扑克牌凑数"游戏。在玩具翻翻乐中，幼儿两面不同颜色的玩具放入小筐，然后轻轻摇晃，根据两种颜色的不同数量记录结果，理解数的组成分解。在扑克牌凑数中，幼儿要根据先把没用的牌挑出。如玩凑7的游戏，要先把7以上的牌挑出，然后抓牌，再把手中两张合起来是7的挑出，之后再按一定顺序抽牌凑数。学习自编应用题，设计"种萝卜"的游戏。这一过程中，不再需要教师长时间地介入，幼儿的独立学习能力、组织能力、数学能力均得到了发展。

三、融丰富知识于活动之中，满足大班幼儿独立学习的需要，培养幼儿的任务性

幼儿的知识和生活经验越丰富，他们的学习兴趣就越广泛，独立学习能力就会越强。因此，教师在日常生活中要十分注意扩大幼儿的知识面，通过多种渠道开阔幼儿的视野。如带幼儿远足走进大自然；利用家长资源收集资料；利用网络辅助教学等等。例如，在学习诗歌《我爱祖国一万年》时，由于诗歌内容比较抽象、难懂，如果单纯地传授，幼儿被动接受只会死记硬背，如何帮助幼儿理解诗歌内容呢？可以事先请家长帮助搜集有关诗歌内容的图片，日常注

意丰富幼儿的词汇：如什么样的天安门、长城等，幼儿看着图片就会理解雄伟、绵延万里等词汇，在此基础上再教幼儿朗诵诗歌时，幼儿很快掌握了诗歌内容。接下来是引导幼儿仿编诗歌。活动前，先请幼儿收集能代表中国的各类图片，向幼儿介绍中国之最，丰富各种词汇量。这一过程丰富了幼儿的知识经验，提高了幼儿对祖国的认识。然后在区域投放仿编诗歌记录纸，请幼儿自主选择仿编内容。经过一系列的尝试，幼儿能够仿编出各种不同的诗句，如"爷爷告诉我：祖国就是可爱的大熊猫、就是调皮的金丝猴，祖国就是好看的剪纸、就是漂亮的脸谱"等。幼儿的知识经验丰富了，他们想仿编的内容非常多，因此每天乐此不疲地在语言区进行着仿编、创作。

四、融主动探索于活动之中，提高大班幼儿独立学习的能力

孩子的学习特点是听过就忘记，看过就记住，做过就理解——这句话形象地比喻了孩子的思维和学习方式。做过就好比直觉行动思维，是一个自主探索的过程。如果幼儿是自己发现问题、设法解决，最终找到问题的答案，那这个答案会始终保存在他的记忆中，很难遗忘。因此，在活动中为幼儿提供各种主动探索机会。例如，在益智区为幼儿投放了大量适宜探索的玩具——电路玩具、磁铁玩具、好玩的天平等。游戏时教师可以利用问题引导幼儿主动探索：怎样能让灯泡亮？怎样能让两个灯泡同时亮？开关如何控制一盏灯？如何控制两盏灯？在天平一边挂一个砝码，另一边挂两个能否平衡？另一边挂三个能否平衡？在问题的引导下，幼儿投入各种探索，当获得一次成功时会特别兴奋。在新的问题引导下，又会投入新的探索。由此可见，主动探索提高了大班幼儿的独立学习能力。

陈鹤琴先生说：凡是幼儿自己能够想的就应该让他自己去想，凡是孩子自己能够做的就应该让他自己去做。如果我们爱孩子，就要从小培养他们的独立性，放手让孩子独立生活，独立学习、独立成长。总之，通过丰富幼儿的认知经验、有趣的游戏、鼓励幼儿自主选择、自主探索，提高了大班幼儿的独立学习能力。

（作者：陈冬梅，本文荣获北京市第八届"京研杯"教育教学研究成果二等奖）

48. 如何通过"一物多玩"培养中班幼儿在体育游戏中的创造力?

鲁迅说过:"孩子是可以敬服的,他常常想到花卉的用处,想到昆虫的语言,他想飞上天空,他想潜入蚁穴……",这说明了幼儿有着丰富的想象力和创造力,幼儿的精神世界里充满着好奇、探索和幻想,他们的思维不像成人一样受习惯的约束,是十分灵活的。"一物多玩"体育游戏从本质上来看是一种融智育与身体锻炼于一身的体育活动,它的基本任务除了全面锻炼幼儿的身体,促进正常的生长发育,初步掌握体育基础知识、基本技术和基本技能外,最重要的是促进幼儿发散性思维、创造能力和合作能力的发展。教师在指导开展"一物多玩"体育游戏中要充分调动幼儿主动参与活动的积极性,从中不断激发幼儿的创造激情。

4~6岁幼儿的思维具有具体形象性的特点,他们的活动水平、游戏水平有极大的提高,需要多种活动形式为其提供具体而丰富的思维活动材料和活动空间,以保证思维的发展;自主性与主动性表现突出,喜欢与同伴交往,需要良好的社会性发展氛围;想象的有意性水平提高,需要更大的表达与创造空间。

传统的体育活动多是以材料为载体设计开展活动,对幼儿各方面的发展进行培养,而在活动材料的种类和玩法上却没有深入探索和研究,在很多的活动中对于材料的深入挖掘和探索只是点到为止,孩子玩的时间也很少,直接导致幼儿的发散性思维、探索力创造力被教师的话语和环境所限制,无法发挥。

一、丰富的游戏材料,为幼儿提供了发展创造力的空间

1. 从幼儿的年龄特点出发。中班幼儿处于具体形象思维阶段,抽象逻辑思维开始萌芽,他们的认识范围和生活经验有限,同时兴趣又与学习的关系有十分密切的关系,所以游戏教材必须十分有趣,符合幼儿的年龄特点和发展需

要。从年龄特点考虑要与幼儿的身体协调和能力发展相匹配，大小方便放在手中进行游戏的材料最适宜，过大影响幼儿游戏，过小无法进行探索活动。从形状上考虑材料要可变动，如弯曲、伸直、拐弯、落叠、扭转，这样才能深深地吸引幼儿，激发他们参与活动的兴趣。如中班的"绳子花样玩"的一物多玩活动中，引导孩子们探索绳子的多种玩法，通过大家的探索，绳子可伸直变成数字 1，可弯曲变成大圈，可变成蜗牛线，可变成折线，可变成花朵……

2. 从幼儿日常接触的材料中出发。玩，是幼儿的天性，但让一个孩子独自反反复复地操作或摆弄一件玩具，相信过不了多久，孩子会感到乏味而失去继续玩的兴趣。开展"一物多玩"活动，首先要引起幼儿对器械的兴趣，让幼儿愿意去玩。所以当把材料发给孩子后，教师就要以观察者和参与者的身份积极地参与到孩子的活动中，孩子的兴趣才能被激发出来。一物多玩的材料与幼儿的日常生活息息相关，这样它可以模拟人类在各种活动中表现出来的各种状态和形状，孩子可以利用身边各种材料模拟自然界风、雨、云、动物、植物等运动状态，可以利用身边各种材料创造性的表现生活中的各种活动状态，可以用小板凳模拟骑马的动作，可以用小板凳进行抢椅子游戏，可以利用塑料袋表现刮风、下雨时候的状态，一起感受日常生活中的美妙与奇特。

3. 从教师正确选择材料出发。一物多玩活动的前提就是所选的游戏材料要可变化、可重组，蕴含着多种多样的玩法，充盈着丰富的探索空间。活动中通过引导孩子大胆探索材料的各种玩法，有效地发展孩子的不同运动能力，挖掘孩子的创造潜能。例如，"有趣的海绵条"是老师利用旧布料、旧海绵、铁丝等做成的类似彩条的活动材料，两端分别订上子母扣，能弯、能卷、能连接，同时具有纸棒、圈、布球、布飞盘、尾巴、绳子等玩具的功能，玩法丰富多样，具有很强的可探索性。教师正确的选择符合中班幼儿活动的材料进行一物多玩的探索，如自制的一米长绳可以让孩子们踩在上面走平衡，经过各种形状、长短的变化，发展幼儿的平衡能力和身体的协调性；自制小纸棍的摆放发展幼儿的单脚跳、双脚跳、左右脚交替跳、跨跳的技能；废旧塑料袋的可变性可以培养幼儿的投掷能力，大臂肌肉的发展等。

4. 从家长细心收集材料出发。及时和家长一起收集适合中班幼儿年龄的游戏材料，并利用家长资源，向幼儿介绍有关户外活动、一物多玩、体能活动的内容。如幼儿的家长在小学做体育老师，可以请该家长来给幼儿讲讲小学里的小学生是怎么样玩球的，是怎样在活动中保护自己的，他们用了什么样的姿势、动作、脚步，除了这些对于我们来说高难度的动作以外我们可以做哪些。

二、运用多种游戏材料开展"一物多玩"游戏，培养幼儿的创造力

1. 常见的现有材料，激发幼儿的主动性。为了进一步激发幼儿游戏的主动性，培养中班幼儿的创造力，可以把游戏材料的选择放在幼儿日常活动中最常见的材料中，并鼓励幼儿跟教师一起寻找游戏的材料，启发幼儿根据游戏材料探索游戏玩法，相互介绍，获得成功。在日常活动中，幼儿活动的材料随处可见。球、呼啦圈、小汽车、大滑梯……在球的游戏中，探索了球的多种玩法，单手拍球，双手拍球，左右手交替拍球，胯下拍球，跑步运球，过障碍运球，双人抛接球等。特别是和孩子一起设计了情景游戏"小熊运西瓜"，目标是通过游戏来促进幼儿的走、跑、跳、投的能力，规则是球必须不能离开自己的身体，不能掉在地上。根据游戏情节，孩子们运用各种方法把球（西瓜）运到小河对面的熊妈妈家，在尝试了自己的方法后还主动去尝试别人的不同运西瓜的方法，兴趣很高，由于幼儿在活动前，有了目标意识，在过程中总是围绕着目标进行，自己亲自参与游戏的准备，幼儿的主动性有了很大的提高，培养了幼儿的创造力。

2. 废旧游戏材料，激发幼儿的积极性。为进一步激发幼儿参与游戏活动的积极性，培养中班幼儿的创造力，教师和家长、幼儿一起选择了各种废旧的材料进行游戏，如废旧轮胎、鞋盒子、矿泉水瓶、塑料袋、废旧露露罐，报纸，爽歪歪瓶、旺仔牛奶瓶、纸板、纸箱、牛筋、毛线、废旧袋子……为了确保活动材料的安全性和卫生性，在有选择地收集可利用物品后，先进行消毒，再投入使用。在玩长凳的运动器械中，孩子的玩法停留在过小桥、钻山洞而无心想其他的玩法，于是在一次活动中老师将长凳翻转过来放，并自言道：这样能怎么玩呢？有几个男孩子立即坐了上去，于是在师幼交流中，骑马、划小船等情景出现了。在活动"好玩的鞋盒"中除了用鞋盒子进行了双脚跳、搭小桥的活动，还进行了小竞赛"我是小刘翔"的活动，活动目标是按标准动作进行跨跳，并随着难度的增加体验跨跳的成功。活动玩法是：第一局单个鞋盒跨跳，第二局两个鞋盒垒高跨跳，第三局三个鞋盒垒高、垒宽跨跳，第四局四个

鞋盒垒高、垒宽跨跳。四局全部通过的幼儿获得"小刘翔"的光荣称号。孩子们跳得不亦乐乎。一次跨跳没成功再请求进行第二次活动，最后每一个孩子都得到了"小刘翔"的光荣称号，孩子们看着自己跨跳的照片高兴极了，共同体验到了成功的快乐。

3. 探索游戏材料的玩法，激发幼儿的想象力。幼儿阶段正如皮亚杰描述的："处于思维的前运算阶段，象征性符号功能出现，开始从具体动作摆脱出来，凭借象征性格式在头脑中进行表象性思维。"据幼儿思维的这一特点，皮亚杰认为，游戏是儿童学习新的复杂客体和事物的一种方法，是思维和行动相结合的方法。在"一物多玩"体育活动中，重在"玩"，重在游戏。游戏可让幼儿在没有外界评定的压力下，自由地对客体进行探索、观察和试验，进行主动学习，从而促进幼儿的想象能力及创造性发展。如在开展"好玩的布条"体育活动中，把布条作为幼儿的唯一活动器械，以游戏为基本形式，让幼儿进行探索布条的玩法，使幼儿不仅从中获得了积极愉快的情绪体验，而且发展了走、钻、爬、平衡、跳跃等能力。

"一物多玩"体育活动的基本模式是："热身运动—介绍材料—探索玩法—组织讨论—综合游戏—放松活动"。在整个过程中，以孩子的想法为主要线索，教师主要协助幼儿更好地打开思路，拓展游戏。因此，在运动器械投放之前，教师可以根据相应的运动器械预想可以进行的活动，因为只有老师想得越多，孩子的玩法才会在老师的推动下越多，就像我们的教学活动一样，预想可能出现的问题尽可能多，在实践中自己才会得心应手、有效调控。孩子创造性的玩是建立在老师更多想、更会创造的基础上。孩子们根据自己的需要进行统计，发挥自己的想象，主动地选择材料进行制作，在材料缺乏的情况下，还会请到爸爸妈妈帮忙完成，例如，用废旧的毛巾被制作成一条一米长的绳子，由于需要三条毛绳编成一条毛绳，孩子们的力量和控制是有限的，所以就请家长一起帮忙制作，由于材料有自己想象、制作的成分，孩子游戏的主动性、积极性高涨。如简单的绳子拉直放在一起可以走平衡；围成一个一个的圈可以练习跳；系成球可以进行投掷；可以作为跑步的终点，让孩子穿过去；可以玩《老鼠笼》的游戏当老鼠的家；可以做成匍匐前进的网。把游戏的主动权交给孩子，让他们最大限度地发挥自己的潜能，使游戏材料真正为孩子搭建一个自主的平台。

4. 民间游戏材料，激发幼儿的创新力。激活幼儿对民间游戏的创新思维，教师也可以选取一些民间的游戏材料引导幼儿进行一物多玩的探索游戏，发挥幼儿的想象力，进一步培养幼儿的创造力。如"跳房子"，只用在地上画好线，就有多种方法，有跳平行线、有跳方格、有跳棱形，而且脚上跳法也不同，有单脚跳和双脚跳，还从一段距离进行了跨跳，走格子的边练习走平衡，幼儿可以自由地找小伙伴，自己商定玩法，快乐游戏。幼儿在学会了一些游戏的方法之后，还会与小伙伴一起改变游戏玩法，重新制定游戏规则、重新设计场地布置等，表现出了极大的创造性。

（作者：杜思辰，本文荣获北京市第七届"京研杯"教育教学研究成果二等奖）

49. 如何在奥尔夫音乐活动中培养幼儿的合作能力？

对幼儿来讲，人际交往是一种最基本的需要。从幼年起，孩子就会有强烈的寻找伙伴、进行交往活动的倾向，这是合群性的一种反映。只有在与环境的相互作用中，才能有效地促进孩子个性、情绪情感、智力等方面的发展。通过交往，孩子能将自己与同伴进行比较，发现自己的优点和不足，促进自我认识和自我评价；交往为孩子提供了与同伴协作、共同完成任务的条件与机会，帮助他们学会理解他人，学会辨别是非；在交往中，孩子们的对话、游戏、竞争都是平等的，他们有充分表达情感的机会，能够获得愉快的情绪体验，同情心和责任感也能得到发展；交往还能帮助孩子逐步学习、掌握社会道德规范和人际交往规范，促进孩子语言能力的发展，从而极大地促进智力的发展。

在幼儿成长过程中，能够共同游戏是其社会性发展的重大进步，它意味着幼儿的目标意识、合作意识、沟通能力、自我控制与调节能力都有一定程度的发展。同时，通过交往组织共同的游戏或其他活动又会进一步促进幼儿相关能力的发展。音乐活动可以提供这样的机会与环境，使幼儿的合作协调能力得到较好的发展。

一、演唱活动中的合作协调能力发展

《纲要》明确指出艺术活动的教育应培养幼儿喜欢艺术活动，能用喜欢的方式大胆的表达自己的感受与体会，乐于与同伴一起娱乐、表演、创造。结合《纲要》精神，教师在歌曲演唱活动尝试，通过让给幼儿与同伴一起娱乐，一起演唱歌曲，发展幼儿与同伴的协调能力。如在《春夜喜雨》歌曲中尝试引导幼儿用二声部演唱方式促进幼儿合作意识的发展。把幼儿分为两个声部，即一个声部先唱，另一个声部用在第二小节演唱歌曲，最后同时结束的演唱形式。不同声部相同旋律构成的完整乐曲中，由于各声部旋律的独立性较强，虽然是同一旋律却构成了丰满的多声部效果。在活动中幼儿不仅要保证自己的歌唱不受干扰，还要和其他声部的幼儿配合，在不断练习中培养了幼儿的合作协调能力。

二、韵律活动中的合作能力发展

韵律活动是幼儿随着音乐进行的身体活动。动作的伴随是幼儿认识音乐，学习舞蹈，从音乐中获得快乐的最自然、最有效的途径。它能满足幼儿身体活动的需要；满足参与对音乐进行探究的需要；满足想象、联想，思维的需要；满足创造性表现的需要等。韵律活动中的合作协调主要是指运用动作与人配合、沟通。首先，在韵律活动中进行合作时，幼儿必须先找到合作的同伴，然后找到合适的空间，还必须使双方相同乃至不同的动作协调一致，从而逐步学会如何与他人合作。如在剪羊毛的活动中，先让幼儿听一遍《稻草儿和高音谱号》的歌曲，教师和幼儿共同讨论高音符号是什么样子的，都有哪些动作。接下来，教师请一位小朋友做高音谱号，其他小朋友做稻草人。一个小朋友和许多小朋友合作培养了一对多的合作关系。第二遍歌曲时，教师请幼儿自由选择伙伴，两人一组共同完成高音符号和稻草人的游戏。在稻草人和高音谱号的案例中，教师设计稻草人和高音谱介绍自己的情景，幼儿很快学会了律动游戏，但要把律动做好，还需要两个小朋友的相互配合，幼儿在相互的配合中，学会了在不影响自己律动的同时，还要照顾到他人的动作，在不断的练习中，他们渐渐学会用做相同动作的方式来与同伴相互协调。在接下来的活动中，又增加了移动的动作，即让幼儿在乐曲的间奏中，变换位置，重新的寻找新的同伴，在寻找新的好朋友过程中，他们不断探索如何在移动中不与他人冲撞，还要保证自己的动作不受他人干扰，还要在不干扰的情况下和他人动作协调。在活动中他们的合作协调意识越来越明确，合作协调的技能越来越熟练。在以后的活动中他们会主动追求与同伴一起律动的快乐。

三、打击乐器活动中的合作能力发展

打击乐活动是幼儿感受音乐、表现音乐的重要途径之一。由于打击乐器演奏主要使用大肌肉动作，所以对精细小肌肉动作能力尚处于发展初期的幼儿来说是最自然的音乐表达工具，也最容易从中获得快乐。打击乐活动不仅能帮助幼儿初步掌握乐器演奏的一般知识和技能，发展节奏感，还能够培养幼儿基本的合作意识、合作能力。如《柳树姑娘》活动中教师和幼儿先讨论柳树姑娘唱歌的方式是××/××和×× ××/×× ××。然后让幼儿自己先熟练两个节奏型。等幼儿熟悉两种不同节奏型和小乐器的演奏方式后，教师请幼儿自行选择乐器跟着音乐的节奏来演奏。教师用手势和语言提示乐器演奏一个个进入节奏型。进入演奏对幼儿来说才是真正的挑战，幼儿一边要用乐器打自己的节奏，一边还要和其他的幼儿一起开始一起结束。如果幼儿只注意自己，而忽略了他人，就会出现节奏不稳的局面，这次合作演奏就失败了，所以幼儿要在活动中就要学会与大家一起整齐的开始和结束，要保证自己的节奏正确和他人一起合作又不相互干扰，还要能够初步理解简单的指挥手势，并能及时做出正确的反应。通过不断练习与合作，幼儿在合作打击乐中获得了成功，大家可以把《柳树姑娘》用不同的节奏型表现出来，幼儿初步体验到合作的愉快，在以后的活动中愿意在演奏中用积极的情感和态度与他人配合。

尝试着用奥尔夫音乐活动培养幼儿的能力可以发现，许多音乐活动比较适合用合作的方式进行，无论从演唱活动，律动活动还是打击乐器活动都能够开启幼儿的新思路，带来意想不到的效果，更增进了他们的合作能力。

（作者：马惠莹，本文荣获北京市第七届"京研杯"教育教学研究成果二等奖）

50. 如何利用多种形式培养小班幼儿一日生活习惯?

著名教育家叶圣陶先生说:"什么是教育?简单一句话,就是要养成良好习惯。"小班幼儿初入园,一日生活习惯培养是非常重要的教育内容。利用多种形式培养小班幼儿的一日生活习惯,可以达到事半功倍的效果。

一、运用游戏性语言培养幼儿的生活习惯

小班刚刚入园,离开了熟悉的环境,离开了亲爱的爸爸妈妈,分离焦虑比较严重。这种情况下,教师对他们的生活照顾就要更全面、更细致。有的孩子不喜欢在幼儿园吃饭,每次看到餐桌上的饭菜不是说"我不饿",就是"我不想吃",有时甚至吃一口吐两口。为了能够使孩子们喜欢吃饭,教师可以采取以下方法。首先,在日常生活中注意加大孩子的活动量。其次,利用餐前的环节谈论"我最爱吃的东西"。再次,小朋友有了进步要及时表扬。对个别能力弱的幼儿,老师先喂几口,接下来再自己吃,对于吃得棒的幼儿奖励小贴画等。最后,教师还要及时和家长进行交流,把孩子一点一滴的进步告诉家长,同时希望家长配合教师,在家里也对孩子进行自理能力的培养,放手让孩子自己吃饭,不挑食,巩固在幼儿园养成的好习惯。渐渐地,孩子们的进餐情绪好转了,都喜欢吃饭了,能把饭菜吃完,有的孩子还会主动要求添饭。

冬天到了,孩子们穿的衣服多,每天午睡起床时,老师都忙不过来,有的孩子因为不会穿急得都哭了。指导孩子学会穿衣服,教师可以利用儿歌帮助幼儿学习穿衣服的方法:"抓领子,盖房子,小老鼠,钻洞子,吱扭吱扭上房子"。慢慢地幼儿学会了穿衣服。有些孩子穿外衣时不拽袖子,结果秋衣毛衣的袖子在里面裹着很不舒服。这时可以提示幼儿:"小老鼠钻洞时要拉着袖口妹妹"。

二、创设主题环境培养幼儿的生活习惯

在日常生活中，小班幼儿大多分不清鞋子正反，穿不上衣服，系不上扣子，提不好裤子等。根据幼儿的实际情况，教师创设了"我会穿衣服"的主题活动。在活动中孩子们通过观察、触摸、比较等方法认识了衣服的不同。通过图示了解了穿衣服的顺序。为了引导幼儿学会自己穿衣服、穿鞋，教师把穿衣服、穿鞋的方法编成儿歌并配上图示，这样孩子们边说边做很快掌握了正确的方法。户外活动前，许多幼儿一边穿衣服一边说"抓领子，盖房子，小老鼠，钻洞子，吱扭吱扭上房子"。按照儿歌的提示方法，孩子们学会了自己穿衣服。针对幼儿穿反鞋的现象，引导幼儿学习正确摆放鞋的儿歌："穿对高兴头碰头，穿错生气背靠背"。幼儿穿好后就会看一看鞋子是生气了还是高兴了。孩子们就是在这样愉快的氛围中学会了自己的事情自己做。

三、通过游戏的方式培养幼儿的生活习惯

系扣子和系拉链是小班幼儿生活中的一个难点。因此，教师根据大多数幼儿的问题，向家长收集了许多能系扣子或系拉链的衣服，将这些材料放到益智区，供孩子们进行游戏。每天孩子们来这里挑选他们喜欢的衣服，进行系扣子或是拉拉链的练习。幼儿在练习中大胆地表达，互相介绍自己喜欢的衣服，在这一过程中促进了幼儿的交往能力和观察力。当幼儿不会系扣子时，教师就会用儿歌（小纽扣钻洞洞，低着头，弯着腰，顶顶纽扣小屁股，钻出洞口笑哈哈）引导幼儿学习系扣子的方法。当幼儿不会系拉链时，就引导幼儿玩一个"袋鼠妈妈找宝宝"的小游戏。我告诉幼儿"走来走去"的是妈妈；"胖胖的，张着大嘴的"是哥哥；"瘦瘦的"是弟弟。他们会一边说一边在衣服上寻找着，非常轻松地认识了拉链的结构。配合儿歌"袋鼠妈妈，来找宝宝，找到哥哥，紧紧抱住。弟弟快来，钻进袋袋。兄弟抱紧，妈妈关门"进行练习。幼儿在练习的过程中，说着儿歌帮助袋鼠妈妈找宝宝，在轻松的氛围中学会了拉拉链的方法。

完美的教育从来都是非常重视良好习惯的训练和培养的。培养幼儿的良好行为习惯是幼儿园素质教育的一部分，也是一件任重而道远的事。

（作者：李悦，本文荣获北京市第五届"智慧教师"教育教学研究成果二等奖）

51. 如何培养幼儿的自信心?

一位哲人曾经说过:"谁拥有了自信谁就成功了一半。"可见,自信是成功的基石,是一个人对自身力量的认识和充分估计,是一种良好的心理品质,也是一个人克服困难、自强不惜、取得成功的动力。生活中,每个人的成长都不是一帆风顺的。面对困难迎接挑战时,自信往往是获得成功的重要条件。因此,从小对幼儿进行自信心的培养尤为重要。《纲要》中明确指出:"要为每一位幼儿提供表现自己长处和获得成功的机会,增强其自尊心和自信心。"怎样让孩子拥有自信? 怎样才能培养出自信的孩子呢?

一、多鼓励孩子,让幼儿树立自信

鼓励是培养幼儿的自信心的法宝。在幼儿的成长过程中,接受鼓励而产生自信心是非常重要的成长内容。没有自信心的幼儿会很轻易地放弃任何努力,认为自己是无用的,缺乏对自己能力的自信,不能积极主动参与各项活动。因此,老师在组织活动时,在言语和行为上处处照顾到每一个幼儿,多用鼓励、肯定的语言与幼儿交流,为幼儿创设赏识的环境,树立幼儿的自信心。

幼儿的自我评价能力尚未形成,对自己的评价最初是建立在别人对他的反应基础上的,总是通过别人的眼光来认识自己,评价自己。如果老师对孩子训斥多、粗暴、态度冷淡,孩子就情绪低沉,对周围的事物缺乏主动性和自信心,形成逆反心理,这对幼儿今后的成长是极为不利的。相反,教师采取多鼓励的方法,用微笑、赞许的话来鼓励孩子,倾听他们的心声,满足他们的好奇心,多给他们想象的空间,允许他们自由的联想、自由的谈论,让他们用各种不同的方式去表达自己内心的想法,当他们的想法得到肯定时,孩子的自信心也会不知不觉地形成,萌生欣慰、幸福的体验,对自己充满自信。当孩子手工做不好时,教师应该对他说:"没有关系,你能做好,跟老师慢慢再做一次吧!"而不要责怪他:"你怎么老是这样,这么笨。"消极、否定的评价会使孩子产生自卑、己不如人的感觉，怀疑自己的能力，认为自己很笨、很差，从而失掉了自尊心和自信心，产生厌学情绪。孩子都是自尊和好胜的，对他们应多赞扬鼓励，对他们说"你真棒""你能做好""你能行"。当他们的努力得到肯定时，他们就会有信心越做越好。

二、多寻找孩子的闪光点，让幼儿充满自信

作为幼儿教师要学习用一双慧眼去发现孩子们身上闪光的东西，去努力认真地调动孩子们的潜能，要用欣赏的态度、鼓励的话语让孩子们感到"我能行"。由于每个幼儿所处的环境不同，受教育的程度不同等导致他们各方面的发展存在着很大的差异：有的孩子聪明好动，有的文静内向；有的语言能力强，有的动手能力强等，面对这些幼儿，如果不去发现他们各自的优点和长处，掌握第一手有关他们的材料，教育就很难做到有针对性了，因此，应该用教师特有的慧眼及时发现亮点，这样就会让孩子得到一种自我满足及自尊感和成功感，从而使其充满自信。

小男孩叫铭铭，他非常好动，自由活动时，他总是频繁地换玩具，对什么都不感兴趣，集体活动时，他也坐不住，不参与游戏。但在体能测试上大家对他有了新的认识。在测试走平衡木时，只见铭铭双手架起小飞机，双脚交替敏捷地走过了平衡木，他的立定跳远也达到了1米的好成绩。原来每个孩子都有闪光点啊。教师赶紧在集体面前表扬了他，并鼓励其他孩子也要向他学习。孩子的内心在闪光点的照耀下，在老师的鼓励中得到了平衡与满足。从这以后，铭铭在各方面都有了很大的进步，自信心也增强了。

三、多创造自我展示的机会，让幼儿体验成功获取自信

幼儿是在实践活动中逐步建立自信心的。因此，教师应努力创造条件，积极开展活动，使每个幼儿都有动手、动脑、动口的机会，从中体验成功，获取自信。

充分利用多种途径使幼儿体验成功，获取自信。有的孩子画画得好，有的孩子歌唱得好，有的孩子舞跳得好，有的孩子动手能力较强，所以经常给孩子们创造展示自我的机会，利用餐前餐后及课余时间组织一些赛歌会、小画家、故事大王、小巧手等小能手赛，从而促进幼儿肯定自我，增强其自信心。对于

一些自信心较弱的孩子，则给予更多地关注，为他们创造条件获得成功，逐渐形成较强的自信心。例如男孩子轩轩，虽然做事非常有序，但是有些胆小自卑。教师充分利用"小小值日生"活动帮他战胜胆怯——把每天的课前准备工作交给轩轩做。最初教师将这个想法告诉轩轩时，他很吃惊地看着老师，以为听错了，教师又说了一遍："轩轩，以后帮老师摆放学具好吗？"他犹豫了一下，小声地说："怎么摆呢？我不会。""你一定会的。"我说："你和欣欣一起摆，你们一定会做好的。"就这样轩轩在一次次的展示自我的机会中肯定了自我，体验到了成功的快乐，再也不是昔日那个胆小的"小可怜"了。可见，成功是培养幼儿自信的一把钥匙。

鼓励支持孩子，帮助孩子获得不同的成功，体验不同的快乐，获取共同的自信还应注意到幼儿的能力特点，对不同层次的幼儿提出不同的要求。如在"天气预报我知道"的活动中，针对幼儿的个体差异，教师没有作统一的要求，而是把活动内容分为三块，一块讲解天气预报，一块画天气预报，另一块剪贴天气预报云图，同时提供了适合每项内容活动的材料，并分层次指导幼儿，满足了不同能力幼儿的需要，保证了每位幼儿在不同水平上得到发展，体验了成功的乐趣，获得了自信，从而能够倾注全部热情和聪明才智，争取新的成功。

四、家园齐心合力，紧密配合

如果教师注意对幼儿进行鼓励、表扬，家长却时常随意贬斥、否定幼儿，或者教师注意给幼儿创造锻炼的机会，幼儿回家后家长却什么都不敢放手不让锻炼，是不可能培养和建立起幼儿的自信心的。在家园共育工作中，教师要起主导作用。教师可通过开办家长园地、定期举办讲座，举行家长会等形式向家长宣传，使家长认识到幼儿自信心培养的重要性及其正确的教育原则和方法。同时，教师要经常与家长保持联系，了解家长的教养态度、亲子互动方式等情况，并针对家庭教育中存在的问题对家长进行指导。例如性格比较内向的辰辰小朋友，平时不善言语，于是，教师对其家长进行工作。为了让他多开口，让他回家后先在亲近的人面前讲话，学表演一首儿歌，讲一个故事，与邻居小伙伴多做游戏。家长将孩子的进步及时告诉老师后，教师又在集体中给了表扬和肯定。此外，要鼓励家长及时向教师反映孩子在家的表现，以利于教师了解情况，更好地进行有针对性的教育。

"不怕做不好，只怕想不到"，自信心的教育是一项复杂而长期的工作，只要我们拥有这种精神，从实实在在的小事做起，从幼儿细微的表现入手，培养幼儿的自信心，才能让幼儿自信地去面对自己未来的一切，真正成为自信、自强的新一代。

（作者：谢春旭，本文荣获北京市第五届"智慧教师"教育教学研究成果二等奖）

52. 如何培养小班幼儿的语言交往能力？

学前期是幼儿口语生理机能成熟最为迅速的时期，也是口语发展的最佳期。《纲要》中提出了许多适应时代发展要求的新理念，其中强调：以游戏为基本活动，通过多种活动促进幼儿各项发展。在游戏活动中幼儿对环境中的语言刺激表现出特有的敏感性和主动性，他们有大量时间加工语言学习新的词汇，在与同伴和成人的交往中、在与环境的相互作用下学会用语言表达自己的思想感情，从用表情动作与周围人交往，进入到用口语与人交往，语言交往能力从而得到提高、发展。

如今班级内的幼儿多数是本地幼儿，也有一些外地孩子，他们语言表达能力发展是不均衡的。在倾听方面：个别外地孩子不能听懂普通话；在集体中有的幼儿不会听老师和同伴说话，不能听懂简单的指令，并做出相应的反应；在别人说话时有的幼儿不能保持安静，不能听完别人说话。在表述方面：有的幼儿不能用简短的语言表达自己的请求和愿望；有的幼儿在进行口语表达时发音不清晰；有的幼儿不愿意与老师、同伴交谈；还有的幼儿不会与同伴用语言交往。

因此发展小班幼儿的语言交往能力是必须的，也是必要的。根据学前幼儿的年龄特点、学习习惯，在小班阶段主要从听与说两方面着手，听是说的前提，只有会听，听得准确，才有条件正确地说。因此在实践中通过听说游戏活动培养幼儿的语言交往能力。激发幼儿听与说的兴趣，愿意运用语言进行交往。

一、在自由、宽松的同伴群体和教师集体的语言交往环境中，培养小班幼儿的语言交往能力

（一）倾听是发展幼儿口语的前提条件

只有会听才有条件正确的模仿，才能掌握高一级水平的语言。入园初期，幼儿对周围的人和事都感到陌生，情绪很不稳定，而且幼儿还不善于有意识地听成人讲话，教师面对全班的讲话，幼儿还不能很好地理解，因此首先要稳定幼儿情绪，培养幼儿学会听并理解教师的话。班级内开展了"我喜欢幼儿园"系列活动，内容有"快乐的第一天""参观中大班活动室""我们的游乐场""谁为我们做饭""看哥哥姐姐做操"等。开展活动时，带幼儿在园内散步，玩大型运动器械，参观幼儿园的各个班和各个角落。当幼儿看到不同的班有不同的环境特色时，看到哥哥姐姐专注的做操时，看到叔叔阿姨为他们洗菜做饭时，被深深吸引住了。此时，我们用亲切的话语、和蔼的态度关心、抚爱他们，使幼儿在情感上得到满足，陌生感、胆怯情绪逐渐减退，对新的环境、教师和同伴产生兴趣。在温馨、和谐的幼儿园大家庭中，幼儿愿意亲近教师，乐于听教师讲话，理解教师的要求，感受教师的关爱。

（二）在活动区中，通过听说游戏活动让幼儿练习词语的运用，增加幼儿语言交往的机会

《纲要》《指南》中指出要为幼儿"创造一个自由、宽松的语言交往环境，支持、鼓励、吸引幼儿与教师、同伴或其他人交谈，体验语言交流的乐趣，学习使用适当的、礼貌的语言交往。""娃娃家"中，教师扮成家里的孩子，向当"妈妈""爸爸"的幼儿要吃、要喝、要玩具，让幼儿在用语言处理"孩子"的要求过程中练习说话。"语言区"中，教师为幼儿提供画面较大、色彩鲜艳、情节简单的图书，而且同一内容的书多投放几本，一方面小班幼儿模仿性强，爱与别人看同样的书，多放几本可避免争执；另一方面便于启发幼儿利用同一内容的图书相互交谈，让他们自由自在地在语言区中进行游戏交流，并鼓励他们学说短句、词组、单词等，从而提高语言水平。如在幼儿普遍对各种车辆表现出浓厚兴趣时，为幼儿投放多本介绍车的图书，幼儿争相翻阅图书，教师适

时询问幼儿看到的是什么车？什么颜色的？车的标志是什么？这辆车有什么用处？幼儿围绕教师提出的问题，边看图书边用语言描述，并且相互纠正对方的说法。图书帮助幼儿理解了一些新词，也锻炼了幼儿的描述能力，更促使幼儿愿意与同伴交谈，体验到语言交流的乐趣。

（三）在日常生活中，注重环境的刺激作用和语言学习的阶段性、延续性，逐步让幼儿在玩中体验语言交往的乐趣

1. 幼儿学习洗手时，教师将洗手要领编成儿歌，边示范边大声地说："小手小手搓一搓、洗一洗、转一转、冲一冲、擦一擦"，幼儿在特定的环境中接受到这样的语言刺激，他们把洗手看作在玩游戏，在边洗边说中掌握了洗手的要领。

2. 采用"每周一句话"的形式，提供录音、各种指偶、玩具车、玩具、蔬菜等，其中有常见的蔬菜如萝卜、青菜，水果有苹果、梨、草莓、香蕉，日用品有毛巾、茶杯、碗等，引导幼儿边听录音边找玩具，边尝试用简短的普通话说一句话。

3. 设计语言游戏，如翻牌、卡片、移动物体学说话、猜拳等，引导幼儿试着学说两句以上的简单语句，并试着"看图说话"。

4. 在幼儿表述能力有所提高后，我们为幼儿提供内容简单、特征鲜明、形象生动的小图书，鼓励他们边学着翻书，边尝试用较完整简单的短句讲述图书的主要内容，并配有录音。对于能力强的幼儿，鼓励他们把角色与背景图相结合，运用提供的材料开展想象并进行自由的表达。对于能力弱的幼儿支持他们边听录音边翻图书、边学讲。

5. 采用情景表演、故事表演等形式引导幼儿用语言相互交往。如教师和幼儿一起排练故事表演《小兔乖乖》和《拔萝卜》时，大量道具的出现激发了幼儿参与活动的兴趣和愿望，角色表演促使幼儿用动作和对话去表现角色的特点，从中体验语言交往的乐趣。

（四）对于有乡音的幼儿，更多注重其普通话的学习

由于他们的长辈平日都用方言讲话，所以对教师讲的普通话总是反应不过来。于是在日常生活中，可以将手指游戏编成儿歌，以标准的发音来朗诵，使幼儿有正确的模仿榜样，同时做出相应的手指动作，帮助幼儿理解含义。教师应尽量多和他们谈话，倾听他们的发音，发现错误及时示范并予以纠正。

二、帮助幼儿积累生活经验，提升语言交往能力

要使幼儿能清楚地表达自己的意愿，与人自然地交往，就必须让幼儿积累一定的词汇和一定的听、说技能，因此帮助幼儿积累日常生活经验，使幼儿知道说什么、如何说显得很重要。为此可以设计贴近幼儿生活内容的语言游戏活动。

1. 鼓励每个幼儿进行自我介绍。集体游戏"打电话"，让幼儿与同伴打电话，并用普通话连贯而流利地讲出姓名、年龄、幼儿园的名称、所在班级、自己父母亲的姓名、职业以及家庭住址和电话号码等，使幼儿能用简短的话讲出自己熟悉的事情，也使幼儿在听别人说话时，能保持安静，不打断别人说话。

2. 讲述自己的感受。语言游戏"小猫生病了"以幼儿的生活经验为依托，引导他们将自己生病时的感受表达出来，教师又以小动物的口吻表达对小猫的关心、帮助和体贴，使幼儿喜欢与老师、同伴交谈。

3. 根据小班幼儿年龄小，情绪易激动，注意力易分散，以直觉行动思维为主的特点，把幼儿熟悉的公园中的"小商店"开设在活动区中，幼儿在扮演售货员和购物者的过程中增加了交往机会，锻炼了他们的语言交往能力。

此类游戏活动不仅再现和丰富了幼儿的生活经验，而且还使幼儿体验到了不同角色的不同情感，使口语表达更具丰富性和感染力。

三、调动家长主动参与，培养幼儿的语言交往能力

家庭是幼儿生活的主要场所，家庭教育的独特作用是幼儿园所无法替代的。但是部分家长对幼儿语言交往能力不够重视，且自身也没有加强这方面能力的提高。因此在幼儿园加强实施对幼儿语言交往能力的培养的基础上，向家长广泛进行宣传，有目的、有计划地引导幼儿的家庭成员来参与教育，使他们主动成为幼儿学习的合作者、支持者。

1. 每周组织一次亲子语言游戏活动，围绕课题计划引导家长设计丰富多样的游戏，使家长既了解班级的具体活动过程，又便于有针对性地进行配合，帮助幼儿在家复习巩固；同时鼓励家长每天与幼儿交谈 15～20 分钟，既能了解幼儿在园情况，又能促进幼儿语言交往能力的提高和亲子感情的沟通；在此基础上还举办各类有关语言交往方面的家长会、语言阅读观摩活动、家园联

欢、经验交流等活动，使家长重视对幼儿语言交往能力的培养，促使家长能步调一致地与园共同配合。

2. 在家园联系栏中向家长推荐行之有效的教育方法，促使家长关注孩子，并请家长与孩子一起制作活动的小人（即幼儿自己），让孩子在操作小人做动作时自己描述小人在干什么，然后布置在班级的主墙壁上，便于幼儿随时操作、讲述。同时定期公布学习内容、幼儿的童言趣语，促使家长能及时鼓励孩子朗诵学过的儿歌、说一说怎样和小朋友玩的、吃的什么饭菜等，从而发现孩子的语病及时纠正。这样既密切了亲子关系，又达到共同教育的目的。

3. 3 岁多的幼儿还不能清楚说出自己的愿望，表达能力有限，同时部分独生子女又很少与同龄孩子接触，因此入园初期常用肢体动作来表达自己的需求，从而发生幼儿之间的矛盾。为此，可以采取家长咨询约谈的方式，帮助家长了解小班幼儿语言发展的特点，促使家长改变传统的全面呵护、全面照顾的教育观念，建议家长用科学的方法引导、教育孩子，鼓励幼儿用语言表达自己的想法，逐渐学会与同伴商量分享玩具。在家长与孩子的互动中，幼儿的语言交往、分享、合作行为得到充分的发展。

四、充分利用自然环境，扩展幼儿语言交往的空间

幼儿教育家陈鹤琴提出：以大社会、大自然为课堂。大自然是读不完的活生生的书，是看不够的美妙画卷，是幼儿成长的最好课堂。在大自然中，幼儿的思想活跃，性格开朗，喜欢说话，愿意和成人、同伴交谈，表达自己的请求、愿望。在这一过程中，幼儿经常出现的交往需要和表达能力之间的矛盾便成为他们学习语言的动力，促使幼儿注意倾听别人讲话，积极主动地模仿别人的语言。因此，根据小班幼儿的年龄特点，充分利用附近公园的资源，随着季节的变化，经常带幼儿接触大自然，在听说游戏活动中开拓幼儿的视野，启发幼儿的求知欲望，扩大加深对周围环境的认识和理解，促进幼儿思维发展，从而培养幼儿的语言交往能力。

1. 在观察的基础上学习儿歌、丰富幼儿词汇。当幼儿发现公园中的树开出不同的花又叫不出名字时，教师不要马上给出答案，而是给幼儿提供寻找、发现的时间，然后可以自然地用儿歌"春天到"中的话语"迎春花吹喇叭，桃花笑红了脸"朗诵给幼儿听，既让幼儿从儿歌中找到答案，知道吹喇叭的是迎

春花，笑红了脸的是桃花，又让幼儿产生进一步学习儿歌的愿望。在学习儿歌时，我启发幼儿进一步想象：迎春花、桃花还像什么。为幼儿提供了富于个性的表达自己感受和相互交流的机会，使幼儿能把所朗诵的儿歌与眼前的景致自然地结合在一起，让幼儿通过自己的观察得出结论。

2. 引导幼儿注意倾听别人讲话，积极主动地模仿别人的语言。下雪的时候，幼儿在门厅前接雪花、搓雪球，教师一边引导幼儿欣赏雪景，一边富有表情地讲述故事"雪花"，并提出启发性的问题：白茫茫的雪落在什么地方？像什么？故事中的对话和眼前的景色都加深了幼儿的理解，有的说："雪像白糖。"有的说："雪像盐。"有的说："像白面。"幼儿根据自己的生活经验模仿故事中的语言来形容白雪，欣赏雪景，相应地丰富了幼儿的词汇。

总之，孩子的周围生活是丰富多彩的，教师只要留心观察，善于随时抓住有利时机，有意识地创设听与说的教育环境，就一定能使幼儿的语言交往能力得到有效的发展。

（作者：张丽娜，本文荣获北京市第五届"智慧教师"教育教学研究成果二等奖）

53. 如何在一日生活中发展与培养幼儿的想象力与创造性？

爱因斯坦曾说过："想象力比知识更重要，因为知识具有局限性，而想象力是无束缚的。"所有的孩子都具有想象的天赋，人们常说："儿童生活在两个世界——现实的世界和遐想的王国。"可如今观察我们的孩子却常常会惊讶地发现：他们并不像人们口中的创造天才那样发挥着自己的想象和创造，而是好像被一些什么东西禁锢在了那个无形的边框里，无法展开想象的翅膀自由翱翔。这是为什么呢？难道现如今的孩子们真的已经没有了想象力和创造力了吗？

答案一定是"否"。因为在我们班里就存在着具有创造力、想象力的天才。

班里每天都会开展"图书分享"的环节，这使得孩子们特别喜欢看书，更喜欢和小朋友一起分享图书。最近一段时间，班里的孩子们痴迷于在美工区自己制作图书。孩子们在自制图书初期时发生了很多问题，比如：每一页都是没有关联的画面。于是我发现了这个问题后就及时和孩子们展开了讨论"我们的自制图书和买来的图书有哪些不同？"在讨论发言中孩子们发现，买来的图书一本讲的是一个故事，每一页都是相关联的。于是第二天，孩子们便对自己的图书进行了改进。

今天又到了"图书分享"的时间了。文文拿出了他自制的图画书。那是一本宽宽窄窄不规整的纸条粘在一起的书，一看就能看出来书的每一页纸都是用手撕的，而且这一本不规整的书还用了三种不同颜色的纸。起初我对于这本书有一些不满意，我觉得文文的态度不认真。我问他："为什么要用三种颜色的纸？"文文回答："因为讲的不一样啊？"我追问："讲的是三个故事？"他又答："不是啊，是一个故事。"看到孩子拿着自己亲手制作的图书满心欢喜地向我走来，准备和小朋友们一起分享时，我决定要尊重文文。虽然这是一本不规整的书，但这里面有孩子内心想要表达的东西，所以我觉得还是要给他一个展示自己的平台。他的故事是改编版的《熊出没》。他的故事是这样的。黄纸：天亮了，太阳出来了，把大地照成了金黄色……白纸：下午的时候，光头强看见小熊熊……黑纸：天渐渐暗了下来……听完他的故事，我彻底明白了他用纸换颜色的意义。他讲完故事后，我问他："为什么你的书宽窄不一样呢？""因为我用手撕的。""为什么不做整齐一点儿呢？""每天都做一样大小的书，没意思，我看小朋友平时带的书还有其他形状的呢，我也想试试，就是没弄好。"接下来的时间，我在集体前充分肯定了文文这一创新的举动，我赞叹了文文的创造力和想象力，让其他小朋友对比了文文今天的自制图书和平时的自制图书有了哪些创新的地方。这让文文体验到了成功的感觉，并且对自制图书更加有信心和兴趣了。这也让其他喜爱自制图书活动的孩子跃跃欲试……

第二天的"图书分享"时间，天天也做了一本彩页书，我认为一定是模仿文文的方式用颜色代表时间的变化。他的书名叫《上学》，黄纸：小孩儿来到了沙漠……蓝纸：看见大海之后……白纸：最后他终于回到了家，看见了妈妈……孩子们又一次震撼了我，天天并没有模仿文文，用颜色代表时间变化，他心中的颜色代表的是地点。上次的活动对他产生了启发和影响，他加入了自己的想象和创造，画出了一个新的故事。

以上案例足以看到我们的孩子是具有强大的想象力和创造力的。怎样才能发展和培养孩子们的想象力和创造力呢？

一、相信孩子，给孩子充分的空间

在想象力和创造力的培养上，教师的作用主要在于唤起幼儿的情感体验，调动幼儿参与活动的强烈愿望，剩下的就是要给孩子足够的空间，让孩子们自由地进行想象和创作。其实"相信孩子"赋予行动上的意义就是要"放手"。这看似简单的"放手"在生活中却很难做到。成人很多时候总是对孩子不能完全的信任和放手，比如看到孩子做一件事情和我们成人的思路不一样时立即就会去打断甚至纠正。还有我们总习惯性地用我们的眼光去审视孩子，却从来没有听过孩子们内心的想法。当我们遇到一件事情觉得孩子可能无法完成时，便会第一时间包办代替。但是有没有想过，"这件事孩子是如何想的？他想怎么做？"如果这样包办代替的行为出现的频率越来越多时，孩子的思想便会自然而然地进入大人的传统模式中。我们便无形地扼杀了孩子们的想象空间。所以当孩子们自发地做一些事情或者东西时，请给孩子们足够的时间和空间，相信孩子自己可以独立完成，用他们自己的思考方式、用他们的想象和创造去表达自己的真实想法。给孩子一片自由的天空吧，这样想象的翅膀才能飞翔！

二、认真、用心地观察

"观察"是了解幼儿、走近幼儿最便捷的方法。观察是为了能够发现孩子，并且能够站在孩子的角度帮助孩自己发展自己。观察孩子时要放下"我来教你"这种想法，要从活动作品中发现幼儿的兴趣、爱好和现有水平，要根据幼儿的发展状况和需要，对其表现方式和技能给予适时适当的指导。在观察中要及时发现孩子的亮点和问题。

三、走进孩子的童心世界

为什么孩子的想象力和创造力那么强大？不是因为别的什么，就是因为孩子们拥有的"童心世界"。在那个世界里，花可以是绿的，草可以是蓝的，太阳可以是紫色的……你问他们为什么？他们会告诉你千千万万种答案，因为在他们的心里世界本来就有着无限可能。成人眼睛里的世界往往都被禁锢在了传统的思想里：红太阳、绿草地、大红花。如果问我们为什么呢？我们一定会说"因为我们亲眼所看到的世界本来就是这样的。"而孩子们不一样，在他们小小的心里住着一个大大的有着千万种可以创造和想象的世界。我们只需要走进孩子们的世界，走进他们的内心，用他们的双眼去观察这个世界。当他们完成作品时，试着去想象孩子们创造出来的情景，去体会孩子们此刻的心情，去感受他们创造的世界，不要以成人的标准和眼光去评价孩子们的艺术作品。这样亲临他们的童心世界才可以和他们一起在想象的世界里翱翔！

四、尊重孩子个性化的表达

《纲要》中提出："幼儿教育应尊重幼儿的人格和权利，尊重幼儿的身心发展的规律和学习特点。关注个别差异，促进每个幼儿富有个性的发展。"每一个孩子都是一个独立的个体，都是一个与众不同的生命。他们从出生开始就注定了相貌、家庭环境、性格和能力喜好都与其他人有所不同。并且会因为外界和自身的各种因素影响使得他们的发展水平和速度都有所不同，和别人形成差异。这时作为教师就应该从心理上去理解、了解幼儿的需要、兴趣、能力、智力、气质以及性格等。最重要的是在了解之后给予充分的尊重。有些孩子能力稍弱，做出来的东西也许并不美；有些孩子很有个性，做出来的东西也许奇形怪状；有些孩子也许理解能力不好，做出来的东西可能不符合常理。但是，无论是怎样的作品，都请先用心去倾听，接纳和肯定他们独特的表达方式和审美感受，分享他们的快乐，引导幼儿相互交流，共同提高。因为这些具有自发原始表现力的作品里蕴含着的正是孩子们的创造和想象。只有成人充分尊重和肯定他们个性化的表达，他们才能有信心大胆飞翔！

因为孩子们生活在童心世界里，他们缺乏成人所具有的生活经验，因此他们的想象从不拘束在经验里，更加不会循规蹈矩。他们常常对成人司空见惯的事态感到好奇，甚至会问一些让我们成人意想不到的问题。他们能从这些好奇中发现新事物、认知新事物，正是这个原因，想象能使孩子们拥有一个五彩斑斓的童年和一个熠熠生辉的未来……

（作者：张亦冲，本文荣获北京市第五届"智慧教师"教育教学研究成果二等奖）

54. 如何在区域游戏中支持幼儿主动学习？

落实《指南》精神，实现"幼儿在前，教师在后"的教育，需要教师支持幼儿的主动学习。主动学习的核心精神就是意图，主动＝意图＝选择，尊重了幼儿的意图，就尊重了幼儿的主动性。在区域游戏中，让环境和材料充分发挥作用，充分调动幼儿学习的主动性，通过游戏反映发展、巩固发展、促进发展。

一、落实《指南》精神，树立科学的教育观念，创设开放的区域自主活动空间，促进幼儿个性化发展

要让孩子主动学习，首先要为他们提供一个宽松、自由、开放的活动环境，使孩子自主尝试，自主探索。区域活动要让幼儿自主获得更多的认知经验与生活经验，需要个人独立探索或几人相互协作的研究，因此必须创设既互不干扰又方便、开放的活动环境。然而受传统观念及"安全"的影响，常常在活动中不让幼儿走东窜西，碰这碰那，把幼儿限制在一个狭小的范围内，其实这不仅是对幼儿活动空间的限制，也是对幼儿头脑的一种禁锢。教师应该打破老模式，根据各个活动区的特殊需要，进行周密的安排，采用动静分开、视觉界限、关联区角在一起、通道设计等原则重新创设区域空间（家庭区、艺术区、玩具区、积木区、表演区、科学区、图书区、户外运动区），幼儿根据需要可以随便去各个区域取自己需要的材料进行游戏，大大提高了幼儿的活动兴趣。

二、投放低结构材料，支持幼儿玩出创意，玩出自我

为了充分体现幼儿的主动学习，给孩子最大的想象和活动空间，教师应充分关注"低结构主题活动"。低结构活动是以幼儿发起为主，教师用最基本的环境设计和最简单的材料投放，给幼儿充分自主地选择机会，进行自由探索和发现、表达与表现。根据幼儿年龄特点，班级将益智区高结构材料收回，投放

了磁铁积木、各种吸管、各种瓶盖、小木桩、盒子、绳子、筷子等低结构材料，给幼儿不同思维表现的机会。家庭区中把之前教师做得仿真的材料都收起来，重新梳理家庭区投放的材料，尝试投放了厨房类、日常生活用品、角色扮演区、婴儿用品区等四类材料，教师在提供的材料上也都是趋于真实的材料，厨房区域也打破玩仿真材料的方式，而是操作贴近生活的真实的材料。家庭区厨房烤红薯、做寿司、饼干、披萨、炸鲜果汁等，幼儿能够利用各种低结构材料进行操作、想象与创造。同时孩子还可以根据自己的需要随意取自己需要的材料。户外运动区为幼儿提供了多种低结构材料，如不同种类的梯子、木块、纸箱、纸棍、绳子、油桶、轮胎、木板等。低结构材料的投放让幼儿玩出创意、玩出自我，从而真正体现出"我们在玩，我们不只是在玩"的理念。

三、看懂幼儿游戏意图，教师给予有效支持

教师应有效地介入幼儿的游戏，实现幼儿在前，教师在后。教师指导游戏需要介入到幼儿的游戏当中去，介入的目的是支持幼儿继续游戏，促进幼儿游戏向高一级水平发展，从而提高游戏质量，促进幼儿社会性发展。那么教师如何介入幼儿游戏？以何种方式、方法介入？介入到什么程度？教师的"有效介入"需要恰当的方法支持孩子完成游戏意图，教师只有掌握了这些方法，他们的专业技巧才会获得更大提高。

（一）有效支持，观察先行，了解孩子的游戏

教师只有在充分观察的基础上，才能对游戏进行情况作出正确的判断，有的放矢地支持，帮助幼儿获得发展，并使其游戏进行延伸。只有通过观察，教师才能知道幼儿是否需要更长的时间去玩，材料是否恰当，经验丰富程度如何等，再决定是否加入幼儿的游戏，以帮助幼儿提升游戏的技巧。教师只有通过观察去了解幼儿的游戏内容，并在基于幼儿游戏的兴趣与需要的基础上来帮助他们，才可能避免以成人的需要和看法去干涉幼儿游戏的现象发生。可以用四个词语概括：管住嘴、管好手、瞪大眼睛、竖起耳。

（二）根据幼儿的意图进行有效介入，支持孩子完成游戏

在有效介入上有三种方法。一是平行式介入法：是指教师在幼儿附近和幼儿玩相同或不同材料的游戏，目的在于引导幼儿模仿，教师起着暗示指导的作用，这种指导是隐性的。二是交叉式介入法：是指当幼儿有教师参与的需要或

教师认为有指导的必要时，由幼儿邀请教师作为游戏中的某一角色或教师自己扮演一个角色进入幼儿的游戏，通过教师与幼儿角色与角色间的互动，起到指导幼儿游戏的作用。当幼儿处于主动地位时，教师可扮演配角。三是垂直介入法：是指幼儿游戏出现严重违反规则或攻击性等危险为时，教师直接介入游戏，对幼儿的行为进行直接干预，这时教师的指导是显性的，如在游戏当中，幼儿因争抢玩具而发生打骂，教应直接干预，加以引导。

要想将《指南》精神渗透在幼儿园的一日活动的各个环节中，实现"为幼儿后继学习和终身发展奠定良好素质基础，促进幼儿体、智、德、美各方面协调发展，让幼儿度过快乐而有意义的童年"的宏伟目标仍任重而道远。

（作者：陆晓燕，本文荣获北京市第五届"智慧教师"教育教学研究成果三等奖）

55. 如何指导小班幼儿进行早期阅读？

《指南》中指出：语言是交流和思维的工具，成人应为幼儿提供丰富、适宜的低幼读物，经常和幼儿一起看图书、讲故事，丰富其语言表达能力，培养阅读兴趣和良好的阅读习惯，进一步拓展学习经验。其目标要求是：培养幼儿喜欢听故事，看图书，具有初步的阅读理解能力，这就是我们经常提到的幼儿早期阅读活动。早期阅读是 0~6 岁学前儿童在幼儿园阶段，以图画读物为主，以看、听、说有机结合为主要手段，从兴趣入手，萌发幼儿热爱图书的情感，丰富幼儿的阅读经验、提高阅读能力的活动，是幼儿凭借色彩、图像和成人的言语以及文字来理解以图为主的低幼儿童读物的内容的过程。它是成人借助于图书和幼儿交往与交流的过程。在这个过程中，成人不仅丰富和扩展幼儿对于外部世界的认识，使他能够在书中再认出他已经熟悉的事物，也能够使他看到在现实生活中很少看到的东西，而且可以丰富应有的词汇，提高对于语言理解的能力，有助于思维的发展。同时，早期阅读是幼儿园语言教育的一个重要内容，它是幼儿增长知识、开阔眼界、陶冶情操的有效途径，对幼儿进入书面语言阶段的阅读产生深远的影响。那么，教师如何在小班幼儿的阅读活动中进行恰当的指导呢？有哪些有效的方法呢？

一、营造氛围，激发幼儿阅读的兴趣

环境创设是一种特殊的潜在课程，根据小班幼儿的特点，教师要努力做到有目的、有计划地进行选材和构思，多功能、多形式地利用创设手段，最大限度地发挥环境应有的教育功能来激发幼儿的兴趣，更有效地培养幼儿的阅读能力。如在班级的图书区创设温馨的环境，地面铺上了带有小花的垫子，投放"动物脚丫"的靠垫和大型毛绒玩具、幼儿喜欢的小动物手偶，和幼儿一起用纸盒、彩纸，动手制作了一棵绿色的"大树"，幼儿可以在"大树下"阅读。在阅读《爱吃水果的牛》时，投放各种水果的图片，幼儿可以边看书边找出图片中的水果，使幼儿在操作中进行了阅读活动。在阅读《蛇偷吃我的蛋》这本书时，按书中的内容制作小动物卡片和一幅背景图，幼儿可以边动手操作边讲述故事。幼儿的参与度高，逐渐喜欢上了阅读，从中也培养幼儿的阅读习惯，从而充分开发幼儿的潜能，让阅读成为幼儿认知和交流的重要途径。

二、创设游戏情境，培养幼儿良好的阅读习惯

幼儿的阅读开始往往是一种依赖耳朵的"阅读"，幼儿爱听故事，教师要经常为幼儿朗诵故事，培养幼儿专注的倾听能力。慢慢过渡到让幼儿独立看书。并从中了解、掌握图书的结构，知道每本书都有封面、页码、封底等。小班有部分幼儿是分不清楚封底、封面的。拿到一本书就随便翻，不管是从封底翻还是从封面翻，只要有画面，有文字就可以看了。而作为教师要懂得运用方法，使幼儿更容易掌握正确的翻书方法。教师可以设计一些浅显易懂的游戏帮助幼儿理解，例如把一本书比做是一座房子，封面是前门，封底是后门，页码是小房间。看书时要把前门打开，走进小房间，小房间里会有许多精彩的小故事，看完故事就要从后门走出来，最后把门关上。这样的方法幼儿容易掌握，也有利于幼儿习得正确的翻书方法。教师还可以与幼儿一起阅读，通过教师边讲故事边翻动图书，为幼儿建立一个有力的学习榜样。教师还可以在班上开展一些正式的小图书阅读活动，让幼儿知道，只有一页一页有序地翻看图书，才能看懂整个故事，懂得画面与画面间的联系。而小图书阅读活动就是针对小班

幼儿翻阅图书跳跃性强、随意性强的特点。遵循感受理解、体验表达的原则，让幼儿在理解故事内容的基础上，感受到有序翻看图书的益处，习得有序翻看图书的方法，同时，让幼儿知道看书时应看懂前一页再看后一页，边看边想，理解每幅画面的含义。久而久之，幼儿就会仔细观察画面，定下心来看书，真正投入到故事中去。

小班幼儿看书时不懂得爱惜图书，要想培养幼儿懂得爱惜图书枯燥的说教对 3 岁的孩子来说不会有多大作用，必须从他们的年龄特点出发，以游戏的口吻来引导他们爱惜图书、正确阅读。引导幼儿观看动画《书宝宝的来历》，色彩鲜艳、生动形象的电脑动画向小朋友介绍了图书的制作过程，让幼儿知道了图书制作的艰辛。从此以后，幼儿看书时都能一页一页小心地翻书。

三、循序渐进，提高幼儿的阅读理解水平

1. 学会看画面主体。阅读图书时，教师应引导幼儿找出每幅画面上的主体形象，说说它是谁，它在干什么。可以使用这样的指导语："小朋友看看，画面上有谁？它在干什么？它的表情是怎样的?"幼儿在老师的提示下，再不是简单地说一下画面主体的名称就很快翻过去，而是仔细地看主体的动作、主体的表情。幼儿通过看一看、猜一猜、想一想，再说一说，提高了阅读的质量。例如，在阅读《嘘》的活动中，幼儿自由阅读时只会说"有一位妈妈"，在老师提问的引导下，幼儿逐步会用较完整、连贯的语言描述画面——妈妈在家里对着闹钟做"嘘"的动作，告诉闹钟不要吵醒宝宝。在这里，老师没有直接教孩子用现成的句子讲述，而是引导幼儿观察画面上主体的形象、动作、表情，想想它在做什么。这样，幼儿对主体的观察、描述就日渐丰富、细致起来。

2. 学会看连环画。在幼儿的阅读活动中，可以注意引导他们找出前后两幅画面间的关系，理解故事的发展。例如在《蛇偷吃我的蛋》这一阅读活动中，教师用了这样的指导语："鸡妈妈发现蛇偷吃了蛋，鸡妈妈会怎么办呢？咱们再翻一页……这页上多了谁？鸡妈妈找到了谁？……"这样，幼儿很自然地将故事情节连贯起来，知道后一幅画面是前一幅画面的延续。

3. 学会看背景。只有学会看背景，会想象画面上没有的情节和心理活动，幼儿才能独立而完整地理解一本书的内容。在实践中，教师要做到由浅入深，

层层展开来帮助幼儿达到这一要求。例如在《嘘》这一图书中，第一幅画面是妈妈在哄摇篮里的娃娃睡觉，教师可以提问幼儿："这里有谁？（妈妈、娃娃）这是在什么地方？（观察门、窗，引导幼儿发现这是在家里）这时的妈妈是怎么想的？"（小宝宝好好睡觉，不要发出声音吵醒他）经过这样的引导，幼儿看画面时自然地将背景和想象融合进去，他们对画面的描述变得生动起来："在家里，妈妈摇着摇篮上的宝宝睡觉，所有的声音要小一些，要静悄悄的。"有了这样的想象和描述，幼儿对图书中故事的理解就更深刻了。

此外，小班幼儿阅读图书之前，还可以通过情境表演、看动画、听故事等方式让幼儿预知画面内容，激发起幼儿阅读的愿望和积极性，使幼儿在阅读画面时能借助已有的、具体的情境来理解、学习画面内容。

通过循序渐进、注重差异的指导，幼儿参与阅读的积极性会得到明显提高。在阅读活动中，教师与幼儿之间、幼儿与幼儿之间的互动激发了幼儿细心观察、认真思考、敢于表达的愿望。在这种积极、愉快、宽松的阅读活动中，幼儿的思维更灵活了，观察更细致了，语言能力也得到了有效的提高。

（作者：张丽娜，本文荣获北京市第五届"智慧教师"教育教学研究成果三等奖）

五、家园共育

56. 新班长如何开展好家长工作？

要想让班级工作有条不紊地开展，让幼儿有发展，让家长满意，首先要做的就是家长工作。《纲要》中指出："家庭是幼儿园重要的合作伙伴。应本着尊重、平等、合作的原则，争取家长的理解、支持和主动参与，并积极支持、帮助家长提高教育能力。"

一、让家长认可新班长的专业水平和能力

家长会就是展现教师水平的有效途径之一，可以利用开学初的家长会和家长做深入的交流，介绍未来半年里本班工作安排和这学期班级的重点工作，同时把最新的教学理念和家长进行分享。例如我给家长出示图片"趴在下水道观察的幼儿"，请家长共同讨论发现幼儿的这种行为，会如何做？家长第一反应是把孩子拉起来，并纷纷讨论会不会不卫生，担心磕着碰着。在家长的讨论声中我向家长问道："孩子这时的安全是不是可控的？"家长回答是可控的。我接着追问："这个小朋友之所以专注的观察是因为他很感兴趣，在探索他想寻求结果，即使衣服脏了我们是不是可以洗，难道我们总担心幼儿在探索的过程遇到很多障碍、问题，就直接把经验给幼儿吗？您觉得是孩子自己寻求结果更可贵还是我们给的更有意义？幼儿终究是要独立面对生活中的一切，成为一个独立的个体，家长能做的就是给予最大的支持，只有孩子自己学会了才是他自己的。"家长纷纷表示认可我的观念。我和家长表达了我的理念"送人以鱼，不如送人以渔"。请家长和老师一起在保证安全的前提下真正地放手、退后，支持幼儿的自主学习。

二、开展亲子活动，拉近家长和班级教师的距离

亲子活动也是尤为重要的，每次亲子活动我都结合幼儿的想法提前设计活动内容和环节，并体现出近期孩子的发展情况，让家长感受到孩子的

变化。我注重幼儿的共同发展和自主创造。每次活动我都把展示和创造的机会平均分给每个小朋友。例如我们班开展的"我行我秀"和"彩泥对对碰"亲子活动，都是让每个幼儿按照自己的想法去设计服装和作品，同时给每个幼儿展示的机会。活动中我时刻观察家长的情绪状态，对于家长认为的自己孩子做得不够好的作品进行分析，同时传递给家长一种理念，看幼儿要纵向比较，去发现幼儿的长处而非短处，关注幼儿是不是在原有基础上有所进步。在每次亲子活动中都传递给家长一种正确的教育观念。微信平台是很好的展示宣传亮点工作的机会，让家长看到幼儿每周都有变化。

三、了解每位家长的需求

每个家长都有自己不同的需求，作为教师，我们要敏锐地发现幼儿哪一方面的发展是家长最关心、最关注的。所以在开学初我们制作了调查表，调查家长最希望幼儿哪一方面更有进步，对于我们有什么想法建议。在调查中发现有的家长关注幼儿的吃饭问题，有的关注能不能和小朋友相处，有的关注集体课能不能集中等。当知道家长某些方面的关注需求，我们就重视起来，并主动和家长聊这些他们关注的问题，并且借着这些沟通机会和家长分享幼儿其他方面的闪光点和可以更好发展的方面。家长不仅觉得老师很关注自己的幼儿，还觉得老师工作细致负责。

四、耐心、真诚地对待家长

在和家长的沟通中最离不开的就是真诚，积极真诚的交流是教师和家长之间和谐交流的基础，它像彩虹一样，将教师、家长和幼儿的心连接在一起。不管家长有哪方面的疑惑问题教师都要耐心细致地处理解决。往往和家长交流最多的就是下班后回到家中，虽然一天的工作很辛苦，但要抓住任何家长的需要给予及时的解决。为了给自己充电，在家我也利用网络多搜集一些教育方面的文章，以便和家长聊起孩子来更加专业。

（作者：侯梦涵，本文荣获北京市第八届"京研杯"教育教学研究成果二等奖）

57. 新任教师如何与家长建立良好的合作关系？

《纲要》中指出："家庭是幼儿园重要的合作伙伴。应本着尊重、平等、合作的原则，争取家长的理解、支持和主动参与，并积极支持、帮助家长提高教育能力。"随着社会经济的不断发展，人们对学前教育越来越重视；又由于现在的家庭以独生子女居多，孩子在家里时得到百般疼爱，而离开家庭走入幼儿园，有些家长就会出现不放心或者焦虑的状况，因此对老师就有了比较高的期望和要求。教师怎样做才能得到家长的信任和理解，家园如何良好互动，这就成为老师思考的问题。尤其是新教师，由于缺少工作经验和方法，在做家长工作的过程中可能会遇到一些阻碍。因此新任教师要做好家长工作应该做到以下几点：

一、教师要与家长相互尊重、信任

"家长是孩子们的第一任老师"，在上幼儿园之前，幼儿学到的一切东西都是家长教的或是潜移默化地跟家长学的。而上了幼儿园之后，幼儿在幼儿园学习了大量的知识和本领，但我们也不能否认家庭对孩子的教育。从一定意义说，老师和家长实际是教育伙伴，他们之间是合作关系，大家都是为同一个目标——为孩子提供良好的早期教育而努力。互相尊重、信任就是建立和保持良好合作关系的一个重要前提。而往往新任教师由于刚参加工作不久，在和家长交谈中难免会有些胆怯，有时候甚至逃避和家长的交谈，造成家长也不大喜欢和新教师交谈。而家长对新教师也有不同程度的见解，认为新教师经验不足，对自己的孩子不够了解等，造成相互之间不信任、不尊重。所以，家长与新教师之间的合作首先要做到相互尊重、信任。

二、教师要与家长保持平等的关系，保证交流渠道的畅通

教师在与家长交谈时应避免使用过多的专业术语，给人以高高在上的感

觉。有些教师认为自己在教育儿童方面比较自信，在与家长交谈中使用过多的专业术语，使家长与教师之间的关系持有了一些不平等关系。专业术语只是为了提高工作效率和准确性而供同行之间交流使用的。所以，我们说话要看对象，让人一听就懂才能达到沟通的目的。新教师在与家长交谈时，要坦率而又真诚的交流。而有些新教师为了取得家长对自己的信任，有时在和家长交谈中有些事情夸大其词，而有些家长对新教师提出的意见和批评，老师有时也不愿意接受。所以，教师和家长之间应该进行经常性的双向交流与沟通，新教师对家长提出的意见、建议和批评持一种开放的、欢迎的态度，并认真考虑家长的意见和批评，而家长也愿意接受，达到平等的关系。

三、教师要真心理解并欣赏家长对自己孩子的关爱

新任教师刚参加工作不久，经验不足，家长对新教师产生的无论是积极的还是消极的意见和看法，其实都是从孩子的角度有感而发的。在工作中，我作为新教师也遇到过这样的事情，一个小朋友的大拇指上长了一个水泡，他跟我说手疼，我问他在哪儿弄的，妈妈知道吗。他说："在家弄的，妈妈知道。"结果我就没太在意，没有及时跟家长沟通这件事。后来，孩子的妈妈生气地跟我们说孩子的泡是在幼儿园弄的，我跟她解释，她说我推卸责任。当时我感到特委屈，孩子说是在家弄的，怎么又变成在幼儿园弄的了。我也没积极地去和家长沟通，家长也不喜欢跟我多谈这位小朋友的事情。后来冷静下来想想，发现孩子这样的问题没有及时与家长沟通是我的责任。而家长这样的态度也是可以理解的，他们就是太爱自己的孩子了，怕孩子受委屈。如果新教师能从家长的角度多考虑问题，我想家长工作就很好做了。

四、教师不要评判家长的对与错，要达成共识而不争高下

由于每个人的教育背景、家庭背景、知识经验、期望标准不同，教育方法也随之不同，而新任教师也有自己的教育方法。在这样的情况下，争论谁对谁错也无济于事，而且并非所有的事情都能够简单地用黑白、对错来评判，大多数情况也都是属于见仁见智的个人理解问题。所以就事论事，把自己的看法向对方表达清楚，而不是下结论，只求能够在相互尊重与理解的基础达成共识就好了。

五、教师对家长报忧时应先报喜

每个家长都希望了解孩子在园的表现，作为老师，我们应及时并实事求是地向家长反映他们想知道的事情，包括孩子的点滴进步以及存在的问题。如果老师只是报忧不报喜，用不了几次，家长就不愿意听了。如果老师跟家长一说起孩子就是"最近淘气了，不听话了"等这种消极的话，时间长了只会引起家长的反感，后面那些话即使是表扬的话，效果也没有那么好了。所以说，报忧也报喜，报忧先报喜，才能使家长体会到老师的心思和他们一样，是盼望孩子成长，欣赏孩子进步的。

六、教师与家长交谈要讲求谈话技巧

讲求谈话技巧并不等于说话要圆滑，不着边，因为在任何情况下人与人的交往都要以诚为贵，这是毫无疑问的。我们知道，同样的意思可以用不同的措辞来表达，得出的结果也可以完全不同。因此在与家长合作的过程中，应尽量满足家长的合理需求，尽量不说"不能""不要""不行"等消极批评的语言，而多从积极的角度来评论和建议，这样的交谈会更能提高解决问题的效率。

作为一名教师，谁都会经历从没有经验到逐渐获得经验的过程，谁都会有一个成长的过程，在这个过程中，家长可能会对我们持不信任和质疑的态度，但是我们不应该胆怯、害怕，而是应该用我们的真诚与理解打动家长，让家长信任我们、接纳我们。用科学的方法与家长建立良好合作关系，共同促进幼儿健康快乐地成长。

（作者：王欢，本文荣获北京市第五届"智慧教师"教育教学研究成果二等奖）